本书受中央财经大学基本科研业务费专项资金资助，
教育部人文社会科学研究项目
“以多学科交叉为特征的财政科学建设路径研究”的子项目资助

荣誉、地位的最优分配

组织中的非物质激励

姚东旻 / 著

中国人民大学出版社
·北京·

序　言

借用 Bruno S. Frey（2008）的话说，如果一个外星人看到人类在地球上的社会生活，一定会震惊于数量庞大的各种排名、奖章和荣誉称号。现实中，很少有哪个组织是仅仅依靠物质刺激来融合组织成员、实现组织目标的，更为普遍的是，荣誉、地位、排序等非物质激励与货币刺激（薪酬、奖金）一起相互匹配，混合使用。这样，自然引出一个理论问题：作为一种激励手段，荣誉、地位等非物质象征物如何融入主流的组织经济学框架，如何寻求荣誉奖励的最优配置方案？

本书在一个异质性多代理人的委托代理框架下，引入参与人的荣誉比较与认知偏差这两个行为因素，期望对这一问题进行模型化的解答。作为理论模型的案例与旁证，文章大量参考了我国古代勋

爵制度的历史学文献，以及当前欧美国家功勋荣誉制度的典型事实，试图借助模型的抽象力对多样化的荣誉授奖程序和规则作出解释。在技术上，除了假设—演绎的证明之外，本书采用了数值模拟的方式使得部分命题具有可视化效果。本书分为五个章节，各章的主要内容安排如下：

第1章，引言。我们普遍考察现实世界中组织激励的手段和方式，确认了荣誉奖励的确作为物质刺激的重要补充，广泛且持久地存在，并且在文献路径中，提出了本书研究的理论定位与可行方案。

第2章，锦标赛理论的反思与模型的文献基础。在这一章，我们重点对组织经济学中的热点理论——锦标赛理论进行了全面分析。我们指出，荣誉、地位、排名等非物质奖励的特质，将进一步放大、强化锦标赛理论本身的局限，因而我们必须超越主流理论，对组织中的荣誉激励提出新的模型解释，同时基于多学科的研究成果，为我们的模型设定提供文献基础。

第3章，基准模型。在完全信息一期框架下，我们引入了具有荣誉效应、认知偏差的异质性个体，在多代理人框架下，基于最优合约设计的视角研究了委托人如何在荣誉奖励和薪酬激励两个维度上作出最佳的组织运作决策。

第4章，静态非对称信息下的扩展。在完全信息被扩展为不完全信息，异质代理人的特征信息被“私人化”，从而使得委托人无法对代理人进行准确辨识的情形下，基于完全信息的“个性化合约设计”就不再有效，因此，我们引入了代理人之间的静态纳什博弈来刻画此时委托人的最佳合约安排。

第5章，模型的总结及其现实意义。本章总结了模型发现，并提出了理论的现实意义和可能的发展方向。

本书的主要研究结论可以概括为以下三个方面：

第一，面对具有荣誉比较效应与认知偏差的代理人，若委托人希望以荣誉和薪酬混合的方式，激励所有代理人都努力工作，则势必破坏直觉意义上的“公平”。在特定的经济环境中，代理人为了获得更高的荣誉，一定会力图扭曲委托人的荣誉授予，因而荣誉奖励对象或内涵品质的多元化，对于组织激励和组织公平来说至关重要。

第二，最优荣誉奖励的合约安排是状态依赖的，针对不同的状态实现，荣誉分配规则都有其特殊含义，并且高度依赖于代理人的参数特征。并不存在一个我们在标准模型中常见的“多产多得”或者标准锦标赛模型中“胜者通吃”的单一教条，这一特征体现了荣誉奖励合约的复杂性、多样性。

第三，在我们所设定的经济环境中，当信息不完全时，通常被认为低效的固定合约，却可以通过高低混合的荣誉薪酬组合的方式激发全部代理人都努力工作，从而使得最大的激励效能以纳什均衡的形式稳定出现。

文章的贡献或者理论创新主要体现在以下三个方面：

第一，从研究视角来看，本书系统考虑了组织中的非物质激励，并提出了荣誉奖励等精神象征物与薪酬刺激相结合的最优合约设计方案。荣誉、地位、排名是组织中普遍使用的激励手段，本书的研究使得这些手段能够进一步融入组织经济学的规范话语中。

第二，在模型构建上，本书引入了异质化的多代理人委托代理框架，并且考虑了代理人的行为因素——具有荣誉比较和认知偏差。这样的设定符合当前行为经济学的一个前沿方向——行为激励理论的内核，在理论上具有一定的独创性，并且能够较好地捕捉荣誉奖励在组织中的核心特征与功能。

第三，在文献分析方面，来自跨学科的实证证据为构建模型的基本假设奠定了基础，同时来自历史学研究的案例材料为本书的命题结论提供了丰富的旁证。

目　录

图表目录

图目录

表目录

第1章 引　言

1.1 选题的现实背景和问题的形成

各种不同性质的组织构成了人类社会——诸如政府、企业、宗教、军队。作为组织，通过怎样的机制将能力不同、偏好各异的人结合起来，使其分工协作，共同完成某种特定目标，这是组织经济学讨论的核心问题。现在，这个问题已经有了一些初步的不完整的答案（Robert Gibbons，*The Handbook of Organizational Economics*，2012）。在委托代理框架下，委托人基于自身目标，考虑一个物

质激励下的最优合约设计问题，从而在薪酬方案、信息传递、决策安排、权威设置等方面全面融合组织中的参与人，实现组织整体的功能。然而，这并不是故事的结局。目前主流的组织经济学文献，在参与人的效用来源方面，大都基本遵从古典主义的假设，认为物质（金钱）激励是最为基础、最为重要的来源，然而这样假设的一个自然后果是无法解释组织中的非物质激励（non-monetary incentives）现象。所谓非物质激励，简单来说，就是组织中的“上级”（委托人）基于某种规则对组织中的“下级”（代理人）授予荣誉、称号、排名、地位等“奖励”，这些“奖励”在被授予的同时，并不能“直接”带给获奖者物质利益（或者说，带来的物质利益可以忽略）。

当然，这样的结果并非是由于前人的无知，而是之前的研究者基于以下三方面的原因刻意为之：

第一，在组织经济学家的视野里，非物质激励这一现象在现实组织中是否广泛存在是一个疑问。如何确认非物质激励是组织共有的情形而非特例？在现实中，我们的确看到各种荣誉、称号、排名与地位，但这些在不同组织（企业、政府、军队与非营利组织）中是否都被普遍使用？具体形式是否有差异？更值得讨论的是，这些表面上看来并没有带给获奖者直接物质收益的荣誉、称号和精神奖励是否间接地为获奖者的未来带来了更高的期望物质收益？代理人正是基于此种职业生涯的考虑（career concern）才在当前表现出对于非物质激励的“追逐”。若果真如此，那么实质上起到激励作用的就并非是精神层面的荣誉，而是未来的物质利益，原有的假设依旧可以解决问题。

第二，非物质激励要起作用，必然涉及参与人效用函数的改变，然而涉及此问题，则必须要有实验或实证层面的心理学证据作为支持。这些基础证据当前是否具备？再者，即使我们具备了

心理学上的证据，引入这一概念能够起到何种作用？和当前主流文献中广泛采用的绩效工资形式的薪酬激励相比，非物质激励有何独特之处？能否解释更多问题？

前两个问题可以概括为：非物质激励现象是否存在？即使存在，是否的确不能被传统假设所解释？换句话说，在各种不同组织中，非物质激励是否是一个真问题。

第三，从文献发展来看，组织经济学属于近 30 年来繁荣发展的子领域，因此关键任务乃是沿用主流假设，采用学科优势的方法系统（主要是合约理论），讨论企业和组织的行为现象，力求使其解释富有学科特点，并与其他子领域有所差异。毕竟一个经济学子领域的关键之处应该在于其研究方法和研究领域，而不应在于其独特的假设（当然，行为经济学是个例外，其假设虽然不同，但方法和领域却与主流较接近）。在大量学者的努力下，虽然人事管理经济学（personnel economics）已经具备了 JEL 分类号 M5，但与传统劳动经济学子类 J2，J3，J4，J5 仍有很大重复。然而，组织经济学（organizational economics）目前仍未获得 JEL 分类号，从这一侧面我们也可以看到组织经济学在"沿用主流假设解决独特问题"方面还有很长的路要走。

回应以上三个问题，正是本书立论的基础。

用 Frey（2008）的话说，如果一个外星人看到人类在地球上的社会生活，一定会震惊于数量庞大的各种排名、奖章和荣誉称号。荣誉奖励在各种不同的政体下广泛存在，无论是君主制还是共和制。

荣誉奖励与物质激励的性质和效用都不相同，这也使得单独对荣誉激励的研究变得有价值。长期以来，经济学家往往关注对物质福利的研究，而忽视了荣誉奖励。其原因包括：

（1）荣誉奖励没有物质激励的效率高，因为荣誉奖励无法被替

代，从而无法被边际化计算利用。因此，荣誉奖励的使用在市场中被逐渐削减。

（2）荣誉奖励可能是高积极性和成功表现带来的结果，而不是结果的驱动因素。尽管一些荣誉奖励授予单位将奖励授予名人是为了建立名人和它们之间的联系，大多数荣誉奖励还是为了起直接或间接的激励作用，直接激励比如激励获奖员工付出更多努力，间接激励比如为他人树立模范，影响并改变他们的行为。

（3）荣誉奖励具有激励作用可能是因为它们能带来未来的物质回报及非物质回报。例如，Ginsburgh 和 van Ours（2003）研究发现，获得世界最著名的钢琴或小提琴大赛的奖励会明显地提升艺术家后期的市场效应，带来物质回报。而 Huberman 等人（2004）指出，人们对高地位的追求并不受到金钱回报的影响，他们情愿用物质回报换取这种荣誉奖励。

（4）经济学家会因为数据匮乏而避开对荣誉奖励的研究。到目前为止，对社会中各个领域各个行业（政府、艺术、文化、媒体、体育、宗教、学术、非营利性组织和营利性企业）还没有完整的荣誉奖励类型列表。尤其是对于私营机构中授予的各种荣誉奖励，并不如军队或政府记载的完善。因此，想从奖励供应方来研究和度量荣誉奖励的使用几乎是不可能的。

为了讨论荣誉奖励的广泛性，Frey 和 Neckermann（2009）利用 International Who's Who（IWW）的数据库资料[①]，从 82 个国家中随机选取了每个国家 50 人的样本，来考察荣誉奖励在不同国家不同部门的使用频率，整理得到表 1—1。

---

① 关于此数据库的更多介绍，可以参考链接：http://www.taylorandfrancis.com/books/details/9781857435108/。之所以选取其作为数据来源，关键在于该数据库要求参与者说明他们所获荣誉奖励的数量。

表1—1　　每个国家单位个人所获得的平均奖励数量

国内					
全部奖励		国家奖励		企业奖励	
平均值	2.66	平均值	0.43	平均值	0.06
方差	1.96	方差	0.11	方差	0.01
每个类别最高的五个国家					
加拿大	6.82	波兰	1.78	加拿大	0.52
英国	6.78	法国	1.32	新加坡	0.46
波兰	6.16	突尼斯	1.05	美国	0.34
澳大利亚	5.66	埃及	1.02	沙特阿拉伯	0.27
塞内加尔	5.30	马来西亚	1.00	澳大利亚	0.26
每个类别最低的五个国家					
洪都拉斯	0.83	尼加拉瓜	0.05	特立尼达和多巴哥	0.00
孟加拉国	0.78	洪都拉斯	0.04	乌干达	0.00
乌干达	0.76	乌拉圭	0.04	乌克兰	0.00
坦桑尼亚	0.62	瑞士	0.02	乌拉圭	0.00
萨尔瓦多	0.30	萨尔瓦多	0.00	委内瑞拉	0.00
另外七国					
美国	3.80	美国	0.22	美国	0.34
加拿大	6.82	加拿大	0.86	加拿大	0.52
英国	6.78	英国	0.78	英国	0.04
法国	3.60	法国	1.32	法国	0.04
德国	2.46	德国	0.48	德国	0.06
西班牙	4.20	西班牙	0.70	西班牙	0.06
意大利	1.06	意大利	0.22	意大利	0.04

资料来源：Own calculations using data constructed from the International Who's Who 2007（Neil，2006）.

从表1—1中，Frey和Neckermann得到了以下几点经验事实：

第一，在人们的印象中，精神层面的荣誉奖励总是与君主政体或集权制紧密相连（例如女王时代的大英帝国、苏共时代的苏联）。但在今天，数据显示情形并非如此。在任何政体，荣誉性质的奖励都广泛存在，标准的共和制国家，如法国、美国、瑞士，在荣誉奖励的使用上，甚至进入了全部样本的前10名，这说明了荣誉奖励的普遍适用性。

第二，在大众印象里，军队是一个较为特殊的组织，其中的个体，会涉及各种奖章、头衔、荣誉、地位，因此，是否荣誉奖励只是在这类要求高度服从与配合的组织中才成为普遍现象呢？然而，数据并不支持这样的论调。在有军人数据的 49 个国家中，军人获得的全部奖章只占所有荣誉奖励的 11%，尽管存在个别国家，例如乌干达、巴拉圭、委内瑞拉会将全部荣誉的 1/3～1/2 授予军事人员，但这种情形只是特例而非规律。

第三，和军队相对应的是学术群体。经济学家们可能认为，较平常人更为理性的学者也许对这样的非物质激励并不感兴趣，然而实际情况却大相径庭。学术界具有详尽且广泛的精神奖励体系。在所有样本中，大约 22%的荣誉奖励给了学术界的个体。在瑞士、比利时、土耳其，这一比例甚至高达 60%。理性的学者对不带来实际收益的荣誉奖励并不"免疫"，反而是这类奖励的主要承载者。

第四，政府层面的荣誉奖励不胜枚举。① 更为有趣的是，市场经济中的公司、企业也在广泛使用荣誉奖励作为薪酬激励的重要补充。从数据来看，全样本中平均每人从企业界获得 0.06 个精神奖励。这一数据很小，原因在于我们采用的数据库 International Who's Who 对工商业并不关注，因此数据并不完备。现有数据显示，在商业部门授予个人荣誉奖励前十名的国家既包括发达国家如美国、加拿大、新加坡，也包括发展中国家如土耳其、菲律宾。更为有趣的是，我国在商业领域授予的荣誉奖励在个人平均意义上高

① See Frey (2008). 例如，在法国，荣誉军团勋章的作用很重要，每年颁发了 3 000 个这类勋章（House of Commons，2004）。在美国，总统和国会颁发奖章，同时，美国授予军人的紫心勋章以及铜星和银星勋章也越来越多（Cowen，2000，p. 93）。众所周知，在共产主义国家，例如苏联和民主德国，众多称号、奖章和头衔被授予，如苏联英雄或者社会主义劳动模范。

于美国。

这些经验事实基本确认了，在现实的组织运作中，尽管政治体制、文化传统、组织性质迥异，但荣誉奖励作为一种常用的激励工具却被广泛采用。这足以说明，荣誉奖励这一非物质激励形式是组织所特有的现象，而不能简单将其归因于其他组织之外的政治、文化、行业因素。而这正为本书的研究定义了研究范畴：既然非物质激励是组织的一种独特现象，为何在不同领域中使用频率有所差异？根据不同的组织目标和特点，如何将这种激励方式与薪酬激励有效配合从而"完美"实现组织功能？

Frey（2008）的研究已经证实了荣誉奖励在不同国家、不同社会领域使用的广泛性，那么，作为将多种激励因素（例如，反馈、信息、社会认可）创新地组合在一起的荣誉奖励是如何影响个体行为的呢？Frey 和 Neckermann（2008）指出，荣誉奖励对个体的激励作用是多途径的，主要体现在：

（1）荣誉奖励能使获得奖励的人提升自我认同感，并且这种自我认同感与荣誉奖励带来的金钱或物质回报、地位等结果无关，因此，即使荣誉奖励的授予不为别人所知，也能对接受者起到激励作用（Bénabou and Tirole，2003）。

（2）授予荣誉奖励的人的地位通常比较高，多是代理人重视的主要人物，因此荣誉奖励的授予也代表了组织的认同。

（3）荣誉奖励能带来社会声誉上以及群体内部的认同（Brennan and Pettit，2004）。

（4）除了荣誉奖励带来的结果效应外，类似于参与竞赛的人享受竞争，追求荣誉奖励时也会产生过程效用（Frey，Benz，and Stutzer，2004）。

（5）金钱和其他物质、非物质利益都和荣誉奖励的获得密切相关。

和荣誉相关的“地位”也是社会学家研究的热门话题之一，这里的“地位”重点指代个体在特定组织（社会）中的身份和排序。荣誉在形成地位方面具有重大且独特的作用，在社会学、社会心理学等领域都占据主导位置（Simmel，1908，1950；Harvey and Consalvi，1960；Weber，1914，1978）。随后的管理和组织理论也相继将地位纳入到研究范畴中。

实际上，对于地位的研究与社会科学本身一样古老（Scott，1996）。中世纪的作家最早用“身份”一词来描述社会层级，具体包括三种身份：一是牧师的宗教身份，二是骑士或议员的军事和政治身份，三是正常人的普通身份（Scott，1996）。地位来自人们在社会中占据的特定类别。随着社会分工的复杂化和流动性，“身份”一词逐渐被附加上等级、层次等元素以指代不同社会等级。韦伯（1914，1978）首先提出“地位”是社会尊重的特性在具体生活中的体现或运用。而 Wegener（1992）主张在社会稳定时，地位是个人的主观评价，也是社会共识；而现代化进程的加速则使得不同社会组织中的相对地位不能达成共识。此外，Berger 等人（1983）将荣誉、尊重或愿望等差异化角度融入对地位的评价标准中，这一定义也很受欢迎。Parsons（1937）认为地位不仅依从主观的个人评价，而是一个人沿着亲属关系单位、个人品质、成就、财富和权力几个维度所得出的结构性排序位置。从这一观点出发，荣誉和地位必然相互关联——荣誉通过一种公开的方式向社会群体宣布认可某种结构或排序。Pearce（2011）综述了对荣誉地位的不同定义后，归纳得出：地位的定义需要基于社会共识，能被个人感知，并且能通过结构化的特征评估。基于此，将“地位”定义为与特定群体或社会相比之下的定位、身份或排序，社会地位高意味着在社会组织等特定群体中拥有受到尊重和尊敬的身份。

地位从来都是一种重要的非物质激励方式。Vroom（1964）认

为人们工作的主要原因之一就是追求地位；马斯洛（Maslow，1934）在其提出的需求层次理论中也将他人的尊重视作人类基本需求之一。从社会学视角来看，地位能带来权力，是获得更多未来资源的途径（例如，Lin 1990，1994）。这也说明，人们需要"理性"地追求地位——能力的象征和获取资源的途径。除了作为获取资源的途径外，地位本身也是一种有价值的资源，能为个体创造直接效用，这一点在后面的文献研究中也将反复被论证。

现有理论是否能够为组织中广泛使用的非物质激励作出解释呢？作为共识，经济学家普遍认为，人类不仅努力追求资源和物质利益，同时对于无形的地位、荣誉等可用以区分个体差异、对群体进行排序的象征物也分外热衷，这些非物质激励大都和名誉、声望、尊严相联系（Ridgeway and Walker，1995）。绝大多数社会学研究和传统经济理论类似，都将这种荣誉奖励视作获取未来更高收益的一个工具（Lin，1990，1994；Thye，2000）。在这样的逻辑下，参与人自然应该"理性地"追求这些象征荣誉的非物质缴励。主流经济理论认为，组织中的经济人，唯一在意的是物质激励与劳动成本，因此薪酬才应该是唯一发挥作用的激励形式。当然，也有理论指出，在私营部门中的荣誉激励，实质上发挥了一种信号功能（Ball et al.，2001）。在长期的经济互动中，获奖者通过这种荣誉性质的奖励向更高层的委托人展示了自身能力，从而获得了更好的职业发展机会。同时，在一个开放性的劳动市场中，荣誉会提高外部雇主对获奖者的认同，从而提升获奖者的保留效用。

1.2 在现存文献中的定位与进路

本书试图成为一本较为基础的理论著作，并且对组织中的荣誉

奖励提出新的、一致性的解释，因此有必要弄清本书在激励理论中可能的文献定位，即文献进路。

Frey 和 Neckermann（2008）回顾了荣誉奖励在心理学和经济学领域的研究现状，基于此提出了心理学和经济学融合的研究视角，探讨了荣誉奖励与物质（金钱）激励的区别以及荣誉奖励的激励作用。Frey 和 Neckermann（2008）指出：

> 心理学研究在一定程度上解释了荣誉奖励在个人层面上的作用机制。然而，已有研究主要集中在孤立地研究不同荣誉奖励的激励作用（Stajkovic and Luthans，2003），而忽视了任务和情景，以及荣誉奖励对个人的激励效果。仅有为数不多的文章从个人心理学视角系统地比较了不同人力资源实践的经验，比如绩效工资、表扬、反馈以及它们的组合使用对个人绩效的影响（Combs，Liu，Hall，and Ketchen，2006）。作为上述奖励及其他激励因素的集合，荣誉奖励并没有受到广泛的关注。通过回顾与荣誉奖励研究有关的心理学文献，Frey 和 Neckermann（2008）归纳出以下理论基础：目标设定理论（Locke，1968）、强化理论（Skinner，1935）、社会认知理论（Bandura，1986）、马斯洛需求理论（Maslow，1943）及需求理论的推进（Alderfer，1972）、双因素激励理论（Herzberg，1959）、期望理论（Vroom，1964）以及 Porter 和 Lawler（1986）提出的激励模型理论。

在经济学领域，尽管学者们已经认识到了激励的重要性，但针对荣誉奖励的研究并没有受到足够的重视。仅有为数不多的文章孤立地研究了荣誉奖励的某些方面，缺乏整体而系统的研究。在研究荣誉奖励时，经济学家通常采用的视角有：将荣誉奖励作为一种释放的信号（Spence，1974）、作为竞争诱发的产物（Lazear and

Rosen，1981）、作为企业委托代理关系下的激励手段（Prendergast，1999）。然而，这些零散的研究并不能抓住荣誉奖励的本质及其效用的各个不同层面。

结合心理学视角和经济学研究方法，学者们对与荣誉奖励相关的其他领域也有所涉猎。例如，地位激励（Auriol and Renault，2008；Loch，Yaziji，and Langen，2001）、物质激励反馈（Sururov and van de Ven，2006）、社会认同（Brennan and Pettit，2004；English，2005）、相互性（Fehr and Gachter，2000）和身份（Akerlof and Kranton，2005）。荣誉奖励多为非物质的外在激励因素。它和内在激励以及物质形式的外在激励不同，具有以下几个特征：（1）荣誉奖励首先具有公开可见性，多在公开仪式或场合中颁发；（2）荣誉奖励与社会认可密切相关，这种认可来自同伴或者荣誉奖励授予机构；（3）荣誉奖励需要一系列广泛而模糊的标准，以免员工为了追求荣誉奖励盲目追从特定行为，而非采取最优行动解决实际问题；（4）荣誉奖励的评定具有主观性、竞争性。因此，需要跨心理学与经济学两个领域来研究荣誉奖励的作用机制。正是基于以上特征，我们需要整合心理学和经济学的研究视角，探讨荣誉奖励的作用效果和激励机制（Frey and Neckermann，2008）。

地位，作为一种非物质激励因素，在解释组织行为、团队动态性、新产业或企业发展、战略管理和市场行为中也扮演着重要角色。地位最初是社会学家研究的热门话题之一，具体表现为它在社会学、社会心理学中的主体地位（Simmel，1908，1950；Harvey and Consalvi，1960；Weber，1914，1978）。随后，管理和组织理论也相继将地位纳入到研究范畴中。

地位并不等同于权力、职位等概念。首先，尽管在管理和组织研究领域地位与权力两个概念常常被交替地使用，但地位并不等同于权力（Ibarra，1993）。人们尊敬地位高的人，是因为人们本身认

同这种行为，尊敬和顺从这种行为，而不是受到此人权力的影响。其次，地位和职位也非同一概念，在组织中占据高层级、高职位的人并不一定受到大家的尊敬。相似地，地位和自尊（Schlenker and Gutek，1987）、社会资本（Belliveau，O'Reilly，and Wade，1996）等概念也有所区别，尽管高地位可能带来自尊和资本。

由于社会学和心理学领域对地位的研究较多，地位研究的理论基础多来自这两个领域。例如，研究不同地位的人的行为及交互作用（Blau，1994；Brewer and Kramer，1985；D'Aveni，1996；Greenberg，1988；Levine and Moreland，1990；Tyler，1998；Webster and Hysom，1998）。针对地位的激励作用的研究的理论视角主要有：期望状态理论（Berger，Conner，and Fisek，1983；Berger and Zelditch，1998）、社会支配理论、社会身份理论等。总之，地位是在特定社会情境中对相对价值的评判，工作质量、经验、权力、正式等级和其他特征都会影响对一个人地位的判定。

近年来，在激励理论的发展过程中出现了一个较为热门的话题——“行为激励理论”（behavioral incentive theory，Tirole 2008）。该理论认为，一些组织现象不能在传统的委托代理框架内得到解决，除物质激励之外，有必要挖掘更深层次的社会心理因素或行为假设，将这些考量纳入标准的激励理论的范式，其基本方法是引入行为偏好假设。目前其代表成果主要集中在以下几个方面：

（1）前文提到的“挤出效应”。

（2）与善行和自利相关的社会赞美与羞耻心（social glory and shame）（Batson，1998；Freeman，1997；Bandiera et al.，2005；Ellingsen and Johannesson，2006）。

（3）自我形象的考虑与道德满足（self-image concerns and purchase of moral satisfaction）（Adam Smith，1776；Dana et al.，

2003；Murnighan et al.，2001；Kahneman-Knetsch，1992）。

（4）主观评价有偏的参与人（Bénabou and Tirole，2002；Koellinger et al.，2007）。

这些文献的研究领域和研究方法，为本书的写作提供了基本范式和思路：将带有荣誉奖励相关心理效应的行为因素引入个体的效用函数，重新考虑在委托代理框架下的多种激励方案的混合使用。关于这一话题，现有的理论文献讨论不多，研究者大都基于心理因素调整了个人的效用函数，但基本集中于"地位考量"（status concern）偏好。这种偏好表现为，个人不但在意自己的消费水平，而且自身消费水平的排序也会影响个人福利。在这样的设定下，研究者要么讨论消费行为的整体福利效应（Hopkins and Kornienko，2009，2010），要么研究组织中此种偏好与个人绩效之间的关系（Dur，2009；Besley and Ghatak，2008；Moldovanu et al.，2007；Auriol and Renault，2008[①]；Besley and hatak，2005；Rayo and Becker，2007；Lam et al.，2004；Samuelson，2004）。后者的研究范畴与本书期望的工作有类似之处，但有两个非常大的区别：第一，在现有文献中，委托人在对代理人进行薪酬激励时，需要选择的维度仍然只有一个——工资。和主流文献相比，最大的变化是，委托人在给予薪酬时，除了考虑对当事人的激励效果，还需要衡量整个薪酬的分布状况。但本书认为委托人在进行决策时需要在两个维度上进行统一考虑：一是不需成本，但有外部性且激励效果会变化的荣誉奖励；二是普通的薪酬计划。这样的变化导致本书期待的结果更为丰富。第二，现有文献考虑的心理因素和本书的视角——荣誉、地位、排名，有所不同。地位考量偏好更多依赖代理人绩效

① 值得注意的是，该文中对status的定义和其他文献不同，代理人的地位由委托人自由安排，体现为无成本的地位直接进入代理人的效用函数。

的客观排名，但荣誉奖励对于代理人的心理影响更为复杂，而对于委托人来说，使用荣誉奖励则会具有更大的自由度。具体的微观层面的心理动机，将在第 2 章文献分析部分详细阐述。

1.3 本书的结构与思路

本书的主要目的是提出新的模型和理论，对组织中荣誉奖励规则的最优设置给予系统性的解释。基于这一根本任务，本书之后的部分将按照以下结构展开：

第 2 章，锦标赛理论的反思与模型的文献基础。通过分析组织经济学中的热点理论——锦标赛理论在荣誉、地位等非物质激励方面的局限和不足，结合该领域的研究成果——荣誉效应的心理学动机与经验证据，引出一系列本书模型的多学科实证基础。

第 3 章，基准模型。在完全信息一期框架下，考虑具有荣誉效应、认知偏差的异质个体，在多代理人框架下，基于最优合约设计的视角研究委托人如何在荣誉奖励和薪酬激励两个维度上作出最佳的组织运作决策。

第 4 章，静态非对称信息下的扩展。在本章，我们对模型进行了扩展。将完全信息扩展为不完全信息，将异质代理人的特征信息变为不对称信息，从而使得委托人无法对代理人进行准确辨识。在此情形下，基于完全信息的“个性化合约设计”就不再适用。我们引入了代理人之间的静态纳什博弈来重新刻画此时委托人的最佳合约安排。

第 5 章，模型的总结及其现实意义。在本章，我们对模型进行了总结，并指出该理论的现实意义和可能的发展方向。

在进行模型论证和解释的过程中，主要参考了《品位与职位：

秦汉魏晋南北朝官阶制度研究》、《中国古代官阶制度引论》与《清史稿》，对中国特殊的品位制度进行了理论应用和旁证分析。[①] 除此之外，《中外功勋荣誉制度》也为本书的诸多命题提供了具有典型事实意义的案例支持。

① 实际上，中国古代官阶绝大多数属于荣誉奖励，没有任何行政权力或权力，没有薪酬，不能世袭。而这一现象在非史学专业的学者中鲜有考察，后文对此问题将再次说明。

第2章 锦标赛理论的反思与模型的文献基础

在现有的组织经济学模型中，研究组织内部激励问题最为著名的当属锦标赛理论（tournament theory）。本章将对该理论作出系统的文献分析，归纳当前学术界对这一理论的诸多批判与反思，并从跨学科的视角出发，讨论锦标赛理论在组织内部荣誉、地位分配问题上的有限适用性，并在此基础上讨论本书模型化之前的一些基础文献研究。

2.1 锦标赛理论的适用性与局限性

无论人们如何看待组织理论，组织和管理均被视为激励个人尽其最大努力以实现组织目的的最有

效方式。例如，科学管理等早期概念提出，“选择最好的工人，分配给他们最合适的任务，并使用金钱作为其主要的激励因素（Locke，1982)”。尽管受到社会学家的强烈批评，金钱奖励仍被学者与实业界视为个人行为和绩效的首要激励因素。大量研究集中在以下两个方面：一是金钱奖励方式所可能引发的问题；二是如何建立最佳薪酬分配方案。解释现有的薪酬结构，分析薪酬方案的规范性并确定高效的管理层薪酬制度是人事管理经济学和组织经济学的核心内容（Lazear，1999；Encinosa，Gaynorb，and Rebitzer，2007；Lazear and Shaw，2007)。Becker 和 Huselid（1992）的研究分析了薪酬和奖励系统在组织层面的激励作用，并且主要强调了通过规定和应用最优雇佣合约和高效的工资结构来增加股东权益的必要性。

新制度主义经济学家和组织理论学者尤其感兴趣的是锦标赛理论，因为它提供了一个解释管理层薪资水平非比例结构的高度形式化模型。锦标赛理论的基本思想和理念已经由 Lazear 和 Rosen（1981）详细地阐述。为了克服基于绝对个人绩效的激励性合同与生俱来的问题，也就是说，考虑到员工努力程度和产出的外部冲击依赖性，精确规定和监控绩效将会付出高昂的代价（Baker，1992)，Baker 建议在锦标赛制度中使用相对绩效。在一定假设下，使用相对绩效的竞争性比赛和相应奖品设置比传统的绩效薪酬方案更有效率、更优越——因为它不仅能激发管理者为达到目标的积极性以提高其管理水平，同时也能够激励所有下属员工为晋升而努力奋斗。因此有人提议根据选手的级别来确定胜败双方的奖项，以之代替薪酬（Lazear and Rosen，1981；Lazear and Shaw，2007)，类似于中世纪的骑士比赛和现今的体育赛事。

锦标赛理论已经被广泛接受，特别是其高度模型化和实证经验上的可证伪性使得其在经济学家群体中备受欢迎。锦标赛理论已在众多文献中被详尽阐述（Green and Stokey，1983；Nalebuff and

Stiglitz，1983；Rosen，1986；Bhattacharya and Guasch，1988）。虽然缺乏公认的实验测试（O'Reilly，Main，and Crystal，1988；Becker and Huselid，1992；Main，O'Reilly，and Wade，1993），锦标赛理论仍然得到各种环境下的实证支持。例如，多年以来频繁进行的体育赛事和实验研究（Rosenbaum，1979；Bull，Schotter，and Weigelt，1987；Ehrenberg and Bognanno，1990；Gibbs，1994；Eriksson，1999；Conyon and Sadler，2001）。

深深地根植于新制度主义理论和委托代理理论的锦标赛理论，主要被应用于解释和证明工资分级与首席执行官（CEO）不成比例的薪酬。正因为它提供了一个逻辑，并在某种程度上利用经验证明了薪金差异的正当性，因此锦标赛理论不得不面对大众对管理层过高薪资水平的批评（Byrne and Bongiorno，1995；McCall，2004）。由于公司丑闻、管理不善和最近经济危机导致的破产，公司治理尤其是CEO和高级管理人员的薪酬引发了公众激烈的争论，建立收入上限机制的呼声也日益高涨（Solomon and Meckler，2009）。而且，由于锦标赛理论将管理行为类比为体育赛事所作出的不恰当论证（Rees，1992），以及关于其相关性的不准确的测验（Gibbs，1994），将其应用到管理层薪酬机制这一做法也受到广泛质疑。除此之外，从一开始锦标赛理论就因其过度简化及与现实不匹配的假设而遭受本质性质疑。有趣的是，这些质疑不仅来自行为科学领域，也来自经济学领域，如Baker等人（1988）。他们的质疑被总结如下：

> 心理学家、行为学家、人力资源顾问以及人事主管了解一些被我们的经济学模型所捕捉的人类行为和动机。或者，从业者为实行平均主义工资制度而牺牲了组织效率。如果其中一个推理能够解释经济理论和薪酬实践之间的差距，那么无论是学术进步还是组织效率都将通过我们所概述的“薪酬困惑”而获得。这个观点与Lazear的视角形成鲜明的对比——Lazear相信

"经济学提供了一个严格的，并且在许多情况下比社会学和心理学调查更有效的方式来思考这些人力资源问题"（1999）。

锦标赛理论与地位、荣誉方面的研究在结构和理念方面有许多相通的地方。层级秩序、荣誉、排名对人类的行为有着至关重要的影响。锦标赛理论以相对绩效评估为基础，而荣誉、地位则是在组织中有关"尊敬"的说法。努力赢得比赛是奖品的金钱价值和纯粹荣誉的综合激励的结果。比赛获胜者能够借此获得的荣誉，有时候比伴随而来的金钱奖品更为重要。荣誉、地位的获得可能让赢家收获额外的金钱收益或非货币性利益。因此，来自不同学科领域的研究者在有关荣誉地位的研究上所采取的方法和见解在很大程度上能够被锦标赛理论家所接受。荣誉、地位的现有研究强调诸如授予荣誉的方案、过程与其最终结果一样，具有很强的激励作用。遗憾的是，这些方面并未被锦标赛理论所涵盖。然而，我们对锦标赛理论的系统回顾与反思，仍会对荣誉、地位的组织激励研究带来深刻见解，甚至可以扩展我们对组织内部竞争与协作的理解。

因此，我们回顾锦标赛理论的主要目的在于展示其在何种程度上可以对组织中荣誉、地位的研究提出重要见解；如何应用、发展、丰富现有的锦标赛理论，以便更好地解释组织案例，并提供由参与者来设计或执行（在本书中委托人是设计者，代理人是执行者）的最佳荣誉、地位分配方案。

本章的结构如下：第一，回顾有关锦标赛理论的标准文献，简单叙述了主要假设、基本模型及重要扩展。第二，结合关键因素，例如情绪（Krakel，2008）和地位（Moldovanu，Sela，and Shi，2007）来具体化对锦标赛理论的批评、总结建议与实证检验。第三，展示对荣誉、地位的跨学科研究，引导概括未来可能的研究路径、隐含内容与管理实务。

2.1.1 锦标赛理论的主要假设、基本模型及重要扩展

尽管在 Lazear 和 Rosen 之前，已有一些学者（Rosenbaum，1979）对锦标赛理论作出了一定的贡献，但锦标赛理论真正诞生于 Lazear 和 Rosen（1981）的开创性工作，并在 Rosen（1986）的研究中得到了详尽的扩展阐释。为了寻求能够使员工付出最大努力且管理者控制成本最小的最优劳动合同，经济学家建议：当监督困难而又不可靠时（Lazear and Rosen，1981；Rosen，1986；Anabtawi，2005），把投入产出量（piece rates）与工资挂钩的传统薪酬方案（计件工资）替换为层级制工资方案是十分有利的。有必要强调的是，锦标赛理论根植于新制度主义经济思想中，尤其是委托代理理论（Holmström，1979；Carmichael，1983；Rees，1985；Shapiro，2005）。在承认有限理性的同时，锦标赛理论假定：

第一，存在奉行机会主义并尝试使自身效用最大化的经济参与者；

第二，作为动机的金钱（物质）必须处于支配地位；

第三，信息不对称有利于代理人。

在这样的假定前提下，规避风险的员工（代理人），如果不被监控、制裁或与委托人形成利益联盟，则必定会抓住一切机会寻找奉行风险中立的监察者和投资者（委托人）的可乘之机。假如不得不考虑监督成本，那么经济学告诉我们，需要合理评估委托人的效用最大化，也就是说，需要对监督行为本身进行成本收益分析。考虑到高昂的监督成本（Lazear and Rosen，1981）以及诸如技术突破和经济周期等外部冲击的广泛存在性（Gibbs，1994），锦标赛理论的支持者认为：与其他薪酬方案相比，以荣誉、地位锦标赛为基础的薪酬方案（例如，晋升工资制）可能更具有经济上的优越性。

将锦标赛作为激励组织内部员工的一种手段，必然向组织内部的参与人“暗示”着存在某种层次和等级，同时也就必然意味着存在晋升机会以及为成功者准备的有吸引力的奖品和报酬。对于某一时期或一场比赛来说，竞争者的动机和努力主要由两个因素决定：个人对于最终奖励的主观评价以及赢得奖励的主观概率。后者取决于参与者的技巧和努力、竞争者的数量、质量以及运气，这被 Lazear 进一步刻画为“噪音”。

Rosen（1986）把最初的一期模型扩展为能够解释 N 个连续淘汰赛的锦标赛模型，即多重晋升。他的模型及随后的计算将网球公开赛中的选手作为职业生涯的代理人，以确定最优奖励及其在组织层级间的分布形式（Lambert，Larcker，and Weigelt，1993）。在连续淘汰赛的条件下，对于风险中立的管理者而言，奖品分布应以线性形式增长直至最终一轮，这一形式被证明是符合经济效率的。同时，对于规避风险的企业管理者（CEO）而言，最优的奖品分布被证明应服从凸函数形式。此外，其他源自多期锦标赛模型的重要推论包括：（1）奖品越丰厚，员工的努力和表现就越突出。（2）如果获胜的机会均匀分布，那么代理人的积极性和努力程度将达到最大水平；然而，如果赢的机会降低或者增大，那么积极性和努力程度也会降低。（3）对于无限期模型，晋升为 CEO 的奖赏必须非常大（Gibbs，1994）。

总之，当监督成本和产出的可测性在具体的经济情景中成为不可忽略的重大因素时，锦标赛模型的直接应用，即“基于相对排名”与“个人努力”的简单关联，会变成严重的错误。

2.1.2　锦标赛理论的局限性及相关批评

然而，锦标赛理论自身也存在很大的争议性，一些学者的研究产生了与锦标赛理论推论相矛盾的调查结果（O'Reilly，Main，

and Crystal，1988；Ariely et al.，2009）。在众多批评中最为核心且致命的批评是：锦标赛模型将体育赛事、管理层薪金水平和现实组织不恰当地简单化了（Baker et al.，1988；Gibbs，1994）。虽然任何理论必须简化现实才能产生一般化的推论，但是它必须承受对其推论真实性和实用性的评估。换句话说，仅仅简化并不能创造一个好的理论。本小节将详细阐述管理层薪酬锦标赛理论面临的主要批评以及该理论的局限性。

Lazear 和 Rosen（1981）的锦标赛模型和后期的扩展模型因其“掩饰复杂性”的内在倾向性（对“过于简单化”的友好说法）（Baker et al.，1988）而受到大多数学者的批评与质疑。也就是说，模型中对于重要变量和重大依存关系的疏忽，会导致模棱两可的解释和建议。在此，我们无法详述学术文献中有关锦标赛理论的每一个批评，因而只集中于组织内部关于荣誉和地位研究的跨学科研究，以此来对现有的锦标赛理论进行反思。

如前文所述，锦标赛理论根植于新制度主义经济学传统及其基本假设。因此，大多数研究，如 Lazear 和 Rosen（1981）的开创性工作，都遵循高度形式化的方法来获得关于最优劳动合同、组织内部结构优化设计（Green and Stokey，1983）和最优合约（Knoeber，1989；Knoeber and Thurman，1994）的一般性结论和建议。遵循同样传统的主流经济学家，大都不会批评符合其根本“教义”的基本假设与其具体组织现实间的适应性，而是通过引入新因素将原始模型扩展到新的经济情景，例如，多代理人（Green and Stokey，1983）、多重淘汰赛（Rosen，1986；Leeds，1988）等。在此意义下，尽管锦标赛理论不断发展壮大，但在具体解释层面，其基本机制已经大相径庭。

此外，锦标赛理论的发起人和提倡者总是习惯于将组织中的管理行为类比为体育赛事，认为两者的目的都在于激励参与人发

挥最大努力并取得最终胜利。例如，Lazear（1998）和 Rosen（1986）的文章中就曾出现“这个理论很容易用网球比赛的比喻来描述”等语句。然而，正如一些辨识能力极强的经济学家所提到的，经济学模型中的锦标赛与体育赛事会因为一些客观现实而相差甚远。我们将这些经济学家及其相关文献简单归纳在表 2—1 中。

表 2—1　　将组织薪酬锦标赛类比为体育赛事的局限性

特征	体育赛事	组织锦标赛	文献来源
参赛者能力与技巧的同质性	相当同质	极为多样化（例如，不同的年龄、性别、学历、经验、专业知识），异质性是常态	Dye（1984） Gibbs（1994） Rees（1992）
比赛的结构和稳定性	固定的组织（例如，淘汰规则和奖品），在参赛者固定的任何情况下，一旦比赛开始，就不允许新成员加入	灵活的组织（例如，模糊不清的规则，可协商的奖品/薪水），在每个阶段都允许外部参赛者加入，即参赛者数量的可变性	Dye（1984） Gibbs（1994）
效用函数的数量化	相对容易	非常困难，甚至不可能	Rees（1992）
后期阶段的规则和要求	完全相同	不同，上个阶段表现最优秀的参赛者在下一阶段可能不是最佳候选人	Baker et al.（1988） Rees（1992）
努力和绩效的可观察性和可测量性	相当容易且没有延误	相当困难，努力与成功或失败之间长期滞后	Baker et al.（1988） Dye（1984）
机会主义、欺骗行为及共谋的影响和可观察性	只要有吸引力的竞争不消失，影响就较小；且相当容易监控和制裁	相当大的影响； 监控和制裁相当困难	Anabtawi（2005） Baker et al.（1988） Dye（1984） Main et al.（1993）
成功因素	能力、努力，以及所有竞争者的努力	多人竞争，但竞争者间可以存在合作	Rees（1992）

续前表

特征	体育赛事	组织锦标赛	文献来源
激励失败者的需要	完全不需要	非常需要，对于竞争的失败者需要使其仍然满足参与约束，从而保证大多数人能留在组织当中，而非一次竞赛结束，就使得绝大多数人离开	Anabtawi (2005) Baker et al. (1988) Dye (1984) Gibbs (1994) Rees (1992)

资料来源：Pearce，J. L. (2011). "Status in Management and Organizations." *Development and Learning in Organizations*，25 (6).

尽管在实证经验上也有对来自体育赛事的证据的质疑，但锦标赛理论仍然根植于经济推理当中（例如理性、效用最大化、金钱奖励）。因此，可供选择的备选方案主要着眼于克服原始模型中单一锦标赛所带来的局限性（Baker et al.，1988）。例如，Anabtawi (2005) 的研究引入了外部进入者，以此来模拟组织内外之间的流动性；而Lazear (1995) 的研究则通过减少竞争者之间的冲突机会来阻止不合作行为的发生。

然而，锦标赛理论在社会科学家之间，尤其是在来自心理学、社会学和组织行为学这类学科领域的学者之间，并没有引起广泛的争论和批评。显然，人事管理经济学和基于人力资源管理的行为科学并不关注对方，反而将重点放在培养两个分割的世界上。令人惊讶的是，这两个学科领域有着相同的研究课题和研究目的，尤其在通过解释人类行为和掌控个人积极性来提高组织效率方面。锦标赛理论为了实现组织目标将奖品（例如，金钱奖励因素）、结构（例如，多重淘汰赛和层级秩序）和过程（例如，选手之间的竞争）作为使个人努力和绩效最大化的手段。特别地，在组织环境中关于荣誉与地位的研究重心也是相当类似的问题，例如，个人对地位的争取（Huberman，Loch，and Onculer，2003）、正式与非正式身份结构的构建和发展（Ridgeway and Walker，1995）以及地位竞争的存在及其

对小组绩效的影响（Loch，Huberman，and Stout，2000）等等。深入研究经济学文献能够从一些不引人注意的地方发现：荣誉、地位可能会对组织比赛的设计产生影响；依赖于荣誉、地位差别的晋升体制也许会成为物质激励的一个重大补充：“我们通过社会比较来建立金钱与地位之间的关联，尽管很少有人质疑金钱的重要性，但也许隐藏在其后的荣誉、地位才是真正重要的东西”（Main et al.，1993）。

一些经济学家对质疑作出了回应，呼吁把荣誉、地位视为个人效用函数的一部分用以分析锦标赛，而不仅仅是单纯的物质奖品（Fershtman and Weiss，1993；Fershtman，Murphy，and Weiss，1996）；更有甚者，甚至纯粹地把地位作为唯一动机来建立地位激励模型——在这个模型中，地位是参与人可赢得的货币奖励的直接结果（Moldovanu et al.，2007）。最终的结果是：前一种方法显示了职业地位和薪水之间的替代效应在某种程度上会产生一些负面影响，即逆向选择问题；而后一种方法则宣称：“模型为研究在组织设计中身份地位的种种问题提供了一个方便的框架”（Moldovanu et al.，2007）。Moldovanu 等人的研究通过设计地位层次结构以最大化代理人的产出。在严格的假设下，模型所蕴含的结论如下：

第一，无论代理人的能力如何分布，在最优分配方案下，处于最高层级的代理人只能有一名。

第二，给定一个地位阶层的划分方式，一个新的代理人加入到任意阶层都可能会减少产出，除非同质的新进入者使得最低阶层的代理人受益。

第三，代理人的能力差异越大，最优的荣誉、地位分布的差异也越大。

第四，当地位差异纯粹来源于金钱差异时，最优的结构总是两个阶层——包括单个产量最大的代理人的顶层和包含所有薪酬所得仅够维持代理人参与约束的底层。

事实上，锦标赛理论在解释荣誉、地位方面的影响是值得肯定的。但上述尝试的解释力，由于两个原因而受到限制。第一，理性决策人推断正式等式需要的简化程度，取决于参赛个人和设计最优状态的委托人。例如，将地位作为个人效用函数的影响因素并不十分恰当，因为它可以解释任何现象（Leibenstein，1986；Postlewaite，1998）。相似地，假设在努力和产出之间有一个确定且一致的关系，且将努力或能力作为参与人的私人信息，在此基础上虽能推出确定性最优方案，但却并非符合作者想要解释的真实现象。第二，锦标赛理论用地位来构建层级秩序体制，忽略了颁奖仪式等程序方面的因素。例如，晋升（Ferris，Buckley，and Allen，1992）会因接受晋升的时间表、劳动市场和法制环境等环境因素而产生暂时性争议。因此，人们必然会对金钱奖励和地位奖励两者谁是最佳晋升和锦标赛制度的决定性因素产生怀疑。

结论：在高度严格的假设之下，基于锦标赛理论的解释和建议是合理的。尽管经济学家认为这些假设是有益的，并且符合 Godfrey Hardy 所主张的“好的科学所给出的假设，必须提供一个其与现实之间体面的距离”（Moldovanu et al.，2007），但不容乐观的一面是，基于理论而非现实所做决定往往会带来一些危险，而这些危险却常常被忽略。例如，尽管其基本假设与现实存在着惊人的偏差，锦标赛理论主要是用来证明薪水差异的持续存在，并解释高管荒谬的高薪酬待遇等现象。

2.1.3 荣誉与地位研究对锦标赛理论的重要拓展

通过引入荣誉与地位研究的一些观点，锦标赛理论的视角有所拓展，并深入研究地位在确定组织薪酬方面的重要价值。首先，本小节将分析参与者愿意参加锦标赛并付出更多努力在多大程度上取决于非货币性动机和奖励机制，以获得更高效的以晋升为基础的薪

酬方案。其次，本小节将强调在设计组织层级结构时必须考虑到哪几个组织目标，其中的一些可能与从纯粹的经济锦标赛制度得出的建议相矛盾。再次，本小节将考察锦标赛过程中比赛结果和组织效率的影响。最后，本小节将强调基于个人竞技的锦标赛理论与旨在促进个体间协作的组织目的间的冲突。

2.1.3.1 荣誉、地位的价值

锦标赛理论的基本假设是，竞争者是因货币奖励而增加他们的努力、绩效和产出。那么，更加努力和争取晋升（即攀登职业阶梯，在组织中获得更高的地位）应该纯粹取决于地位与金钱的关系。因此，争取高地位的激励源自高地位有利于获取金钱或者可以提供获取金钱的工具（being a celebrity）。但这样的假设可能与任何有关组织行为或人力资源管理的教科书中所提到的最基本的激励理论相矛盾（McClelland，1961），故人们必须详细阐述激励人们努力获得地位或荣誉的因素，例如，用更完整的心理学方法来解释锦标赛制度。

在有关荣誉、地位的跨学科研究中，有两个可辨认的动机可用以解释参与者为何渴望达到某一地位。人类把获取地位作为实现最终目的的手段或者目的本身。地位是一个工具（达到其他目的的手段），例如，员工争取晋升是为了获得更高的薪水或者其他金钱利益。然而，金钱仅仅是物质的一部分。另一部分是被绑定在某一地位上或通过颁奖典礼来体现的地位象征（Berger et al.，1998；English，2005），包括有形资产如办公地点或公司用车（Zalesny and Farace，1987）和无形资产如人脉关系和特权（Weber，1922）。荣誉、地位的象征是人们努力超过其他人的重要激励，因为地位象征的信号力量能给人们带来更有利的信息（Ridgeway，1991）并增加人们的自豪感（Sachdev and Bourhis，1987）。赢得一场比赛能够产生仅仅属于胜利者的奖品，这意味着胜利者可以支

配更多的资源，如人才、客户、资金和社交网络。另一种获取地位的手段是在等级制组织中被给予管理岗位，这不仅仅是因为管理岗位能够指使下属，而且因为它能够提供更多自由裁量权。Brass（1984）的研究表明组织的位置与组织的重大决定有着密切的关系。根据组织层级结构中位置的不同，地位较高的员工能够把他们的意愿强加给地位较低的员工并管理他们，导致地位较高的员工的自由裁量权增加（Finkelstein，1992）。值得注意的是，高级管理人员和 CEO 可以利用他们的高地位控制公司的战略决策，以及自身的离职补偿（Wade，O'Reilly，and Chandratat，1990）。表 2—2 提供了关于地位成为实现最终目的的手段的不同问题和方法的研究结论概述。

表 2—2　　将地位仅作为手段的研究文献小结

相关文献	核心理论特征
Ahuja，Galletta，and Carley（2003）	在确定环境下，高地位可以提高科学工作者发表文章的概率
Aquino，Grover，Bradfield，and Allen（1999）	高地位者较低地位者更不可能沦为牺牲品
Ball and Eckel（1996）	高地位者在协商中表现更好
Ball and Eckel（1998）	高地位者的收入至少与低地位者一样，甚至更高
Ball，Eckel，Grossman，and Zame（2001）	高地位者较低地位者有以更高的价格卖出、以更低的价格买入的权利
Okamoto and Smith-Lovin（2001）	高地位者可以改变话题并在团队讨论中施加更大的影响
Owens（2000）	高地位小组成员更可能使用包括干扰和威胁在内的控制策略来控制团队参与度和关注点
Thye（2000）	作为谈判的一部分，高地位者获得更多的资源，且其资源被视为更有价值，他们是特权交易者

资料来源：整理自 Pearce，J. L.（2011）. "Status in Management and Organizations." *Development and Learning in Organizations*，25（6）.

虽然上述许多例子证明：争取地位只有一个原因——钱，而各种有形和无形的动机阻碍着正式和一般化解决方案的出现。如果一个人的动机被对权利的追求所主导，她/他将展示所有必要的努力和绩效，以成为一名 CEO，即使补偿方案显著低于按照锦标赛理论预先计算的水平。此外，与荣誉、地位和诸如职称、理想的停车位或办公设备等的荣誉象征联系紧密的社会认可度将会是相对较弱的激励因素（Loch，Yaziji，and Langen，2001；Stajkovic and Luthans，2001）。从这个角度看，就更可以理解为什么公司和股东可以无视因支付管理层不合理的高工资而产生的重大经济损失。

此外，组织地位研究者不断讨论地位带来的荣誉感是否是人们所追求的终极目标。例如，参加尤其是赢得比赛所带来的满足感，是参赛者本身内在价值的体现，也是参赛者的参赛动机（Waldron，1998；Loch et al.，2000）。但很多学者认为，人类的本质精神需求来自他人的认可、尊敬和"与众不同"，而这正是宣称地位即目的本身的原因。实证研究表明，与同龄人相比，人们更看重身份差别而非绝对收入（Solnick and Hemenway，1998；Huberman et al.，2003）。他们会选择放弃潜在收入（例如，更高的薪水与投资回报）来获取一个更高地位（例如，加入某一特殊组织，与享有声望的风险投资家建立伙伴关系）以在相关领域赢得认可与声望（Hsu，2004；Almenberg and Dreber，2009）。根据 Frank（1985）的研究，员工放弃部分合法货币薪金用于支援排名较低的小组成员以确保其对自身的好感，并最终达到维持自身较高地位的目的。

虽然存在着各种各样的激励因素让人们为地位而奋斗，但仅依赖于金钱奖励的锦标赛理论对参加锦标赛的原因的推断却过于单一。然而，科学研究并没有涉及不同激励措施——促进因素（Stajkovic and Luthans，2001）所产生的综合影响结果。特别是，地位的相关性和相互依赖性与金钱奖励并未被充分研究（Weiss and

Fershtman，1998）。因此，不同层次级别间的薪水差别、荣誉象征抑或是地位本身等绝对奖励是否有利于激励员工并未有定论。相反，一些学者认为，这些动机的激励作用取决于突发事件，尤其取决于个体特征（Bandura，1977；Goddeeris，1988；Stajkovic and Luthans，2001）。同样，金钱的激励作用也是极具环境依赖性的。即使剔除由文化和制度差异所导致的行为差异性（Zelizer，1997），人们对金钱（Solnick and Hemenway，1998；Mitchell and Mickel，1999）和荣誉、地位（Huberman et al.，2003）也持有不同的态度和观点。然而，除去比赛奖品本身的绝对价值，人们需要在金钱和荣誉之间进行权衡分析。

金钱、荣誉、地位象征和特权与其他满足人们需要的商品一样都服从边际效用递减原则（Rabin，2000）。此外，我们假设激励措施之间具有替代效应。高级管理人员的薪水可被用来消费或者获取一定的地位象征（例如跑车、奢侈品）。类似地，他们利用组织地位和相应的特权来获取一些较少依赖于收入，却更多归属于特殊阶层的东西，例如加入某一俱乐部或者将孩子送入某一子弟学校。同样，对于那些在组织内部已经占据高位并在攀登事业高峰期间积累了充足财富的既得利益者来说，金钱的激励作用正逐渐减少。据锦标赛理论的推导结果，公司必须提供更大的奖金差距以弥补员工参与到未来竞争中的激励损失（Rosen，1986）。假设增加上述激励的边际成本，那么用金钱来替代地位、地位象征和与地位相适应的特权似乎是合理的行为决策。

2.1.3.2 组织中排序、结构、层级的相关性

根据人事管理经济学和锦标赛理论，组织层次主要激励组织中的所有员工——尤其是管理者，以使其尽最大努力来实现公司目标并最大化股东利益。因此，相关因素诸如竞争者（员工）的数量和同质性、锦标赛（等级机构）的数量、奖励（加薪）等，均会被最

优化配置以达到使用最低的成本（比如监控成本）得出最大化产出的最优状态。锦标赛理论建议增加竞争者的同质性，缩小差异性，具体措施包括减少内外部不确定性因素，加大员工间（尤其是公司的高级管理层间）的薪酬数额差距，只任命一位人员作为最高层并扩大分层，即设置尽可能多的组织层级和奖励等级（Lazear，1998；Moldovanu et al.，2007）。至于最优的竞争者数量，则必须基于赢得比赛的可能性（Orrison，Schotter，and Weigelt，2004）来加以确定。很显然，在能让组织持续增长的相对静态环境下，基于这些假设和推论会产生一个具有多层级结构的规模巨大而又相当稳定的组织。然而，几乎可以确定的是（Lazear，1998），组织结构的不同维度与来自锦标赛理论的建议之间的相互依赖关系，以及它们各自对组织效率的影响是学者们至今仍未详细阐述的谜团。Baker（1988）把组织成长的需要作为锦标赛有效性的重要前提。尽管上述问题可以通过采用“不进（晋）则退”的规则，允许招募处于低水平的新参与者以取代没能成功而被淘汰的人来减轻，但其他假设的适用性仍未被明确证实。此外，要求把外部随机影响转化为确定的内外部因素，也就是说，大大增进组织的规则和稳定性。这两者似乎都与组织和利益相关者的最大利益不一致。因为现实市场和组织的发展趋势会增加不和谐因素，并减少个体赢得锦标赛的可能性，故而为了进一步最大化竞争者的努力程度，设置更多的奖励以及更大的薪酬差距（Bognanno，1994；Lazear，1998）是一种简单的薪酬安排方案。就此而言，实证研究提供了明显可靠的证据来证明拥有低晋升率和有限的向上流动性的企业倾向于设置更大的薪酬差距（Leonard，1990）。

很显然，锦标赛理论在一定程度上忽视了决定最优组织结构的相互冲突的目标。在此虽未回顾关于组织理论、组织设计和组织行为的广泛文献资料，但毋庸置疑，组织是吸引和集聚稀缺资源

(Wernerfelt，1984）的有效手段，也是较市场而言更为有效的协调专业化分工的工具（Williamson，1981）。从资源依赖理论(Pfeffer and Salancik，1978）的角度看，一个组织的形成主要依赖于其竞争性环境以及对战略资源的有效控制。如果将CEO和高级管理层看成战略性资源，也就是说，他们是稀缺并不可替代和复制的，那么公司支付高薪酬的行为就可以理解，也可以合理解释大公司的巨大薪酬差距。然而，更为重要的是，很多不同的理论说明，除了单纯地激励管理者努力工作外，组织层级和组织结构也是满足其他不同目的的方式。因此，简化的锦标赛制度受到了复杂的最优化问题的挑战。

那么，关于组织中荣誉和地位的研究是如何扩展锦标赛理论的呢？首先，我们必须清楚地认识到关于荣誉和地位的研究都遭遇了类似的难题，也就是，要使地位和地位的荣誉性象征成为有效的激励手段，组织层级数目和锦标赛名次数目必须有所增加。精简的组织和扁平化的层次结构会导致晋升和正式的职业机会越来越少——赢得比赛的概率会因没有比赛而减少。因此，晋升激励不再那么有效，长时间的等待不仅会引发员工的挫败感，也增加了员工离职率，进而损害公司的利益。然而，地位研究至少可以在避免工资差距大幅增加的同时，在一定程度上解决激励问题。由此，可以建立额外且正式的地位层级以辅助扁平化的管理层级。Auriol 和 Renault（1999）在文章中提到“100％俱乐部”和“顶级精英俱乐部”这两个例子。大学的层级划分有限，仅从助理教授到终身教授，但其充分运用了荣誉层级和基于研究（如出版物和基金）和教学成果的排名来弥补层级的有限性。如果将这些额外的等级排序与一些地位象征比如头衔、认可形式（如展览、颁奖典礼）或者那些无法购买的奖品相结合，则能以比扩大薪酬差距更低的成本来激发员工的积极性（Greenberg and Ornstein，1983）。此外，这种技术

性或专业事业的轨迹既可与组织的特殊需要相匹配，又能满足各类员工的不同动机。但人们不仅能被金钱、晋升、赛后奖品所单独激励，也可被比赛本身和颁奖仪式的环境等因素激励（Lambert et al.，1993），因此，在组织内实行不同形式的比赛可能会激发员工额外的努力（比如评比最佳研究员、最佳讲师、年度最佳销售等荣誉性称谓）。

2.1.3.3 “比赛”程序对于锦标赛理论有效性的影响

通过强调竞技过程对组织结构的互补性，关于地位的研究丰富了除锦标赛理论之外的组织薪酬知识。锦标赛理论，如 Moldovanu（2007）所述，只考虑锦标赛的初始条件（比如参赛者数量、比赛阶段、奖项）及其结果，竞技过程本身则被忽略了（Lambert et al.，1993）。由此，那些与竞技过程相关而又影响锦标赛效果的决定性因素和问题也就都被忽略了。尽管锦标赛理论假设所有选手在一个虚拟环境中比赛，相互间无法交流，也无法影响竞争对手参赛的机会（Lazear and Rosen，1981），然而现实与这种假设却极不吻合。网球和高尔夫球运动员甚至美国 NBA 队员都使用一套定义清晰的比赛规则，以避免给那些隐蔽的行为和意图（例如兴奋剂、行贿）留下任何空间。显而易见，组织环境与体育比赛有很大不同。组织内部竞技与荣誉层级的晋升机制并非毫不相干的，而是相互依存的。管理任务取决于团队产品或者说内外投入。团队产品、透明性缺失、评价标准混乱、相互依存性和外部效应等都会影响个体获胜的可能性。

例如，权力可被用来操纵组织内晋升锦标赛的结果（Bratton，2005）。地位是权力和影响力的重要来源。地位较高的组织成员，比如高级管理者，可以名正言顺地监督、帮助或者鼓励那些地位较低的组织成员，以调动其在晋升（Finkelstein，1992）等类似锦标赛中胜出的积极性和付出的努力程度。一定的身份地位意味着额外

的权力资源，比如制定预算、使用稀有资源、获取信息或者参与决策制定过程（Pfeffer，1981）。Graffin（2008）发现，对于CEO的直接下属来说，CEO的高地位会产生溢出效应，即下属会希望成为CEO，因为CEO的高地位会获得更高水平的薪酬。进一步假设，渴望获得晋升的员工，其日常积累的专业技能与想要获得的高地位职位并不相符；即便他们有与高地位职位相符的能力和技能，也可以合理预测高地位拥有者会采取措施以维护其地位。一方面，高地位拥有者会明里暗里威胁地位较低者收回或减少努力以维护自身地位；另一方面，高地位拥有者可以设计符合其自身偏好的比赛。此外，高地位拥有者会因相互依存性而使其上级管理层更倾向于晋升他们（Wade et al.，1990）。即使不假设高地位拥有者的直接影响力，也有证据表明地位在选择比赛过程中有重要意义，例如，谁会被看作合格的，而谁是不合格的（Washington and Zajac，2005）。

然而，低地位拥有者可以采用类似合作与友好等社交战术来对高地位拥有者的晋升决定施加影响（Stahelski and Paynton，1995）。一个典型例子就是试图在权威学术期刊上发表文章的年轻学者，会努力成为高级机构成员或者与高地位者合作，以达到增强被晋升或者终身聘用的概率的目的。尽管他们的表现与那些仅靠自己发表创新性理念的竞争对手相比更为逊色，但是他们获得学术职位的可能性却大大增加了。然而，上述做法仅维持旧事物而并未推动科学突破，其最终结果只会削弱研究机构的总体目标。另外，能力较低的低地位者则可能会采取一些不正当手段来加大赢得锦标赛的可能性（Chen，2003），例如欺骗或者使用破坏性手段等。尤其是在那些比赛结果使得胜利者获得所有好处的（Frank，1995）高度竞争性比赛中，有些人刻意绕开现有规则、标准和道德规范并利用非法手段来获取胜利，因为即便是小小的偏差也会给胜利者带来

巨大利益（Lazear，1989）。一贯奉行严谨、清廉和诚实的科学和研究团体也同样因为犯错而付出代价。在科学界里令人震惊的学术造假正是如此。因此，一些证据表明锦标赛等级制度和晋升激励体系可能会引发失调行为，导致事与愿违，尤其是在不确定性环境中（Nippa and Markoczy，2007）。

组织内部的晋升并非是不受外部影响的同质性竞争者之间的公平竞争，而是受个人社交网、上下级关系和众多外部选择极大影响的竞技游戏。出于对帮助自己获取荣誉或晋升的支持者的感激，或者说忠诚，晋升者会频繁使用其新地位和权力以提拔以往的支持者。此外，荣誉和地位会对歪曲组织内锦标赛的职场暴力、晋升概率以及个人业绩等有重要影响（Aquino et al.，1999）。

总之，锦标赛是参差不齐的选手们利用自身不同的社交网络来互相对抗的竞技。正如中世纪时期的决斗，很少有真正装备相同的骑士“公正地”拿着长矛进行对决，大多数情形是，双方都随时准备找机会来欺骗对手，结果决斗既无效率，也无胜者。一方面，有影响力和控制权、能制定计划以及耍阴谋的人都不需要努力，但也对组织目标没有贡献（Loch et al.，2000）；而另一方面，按照已有规则独自竞争者赢的机会就更少。如果员工们感到或相信根本不存在公平竞争，就如同装备着不同武器的决斗一样，他们就会相应作出调整或者依据等价学说（Adams，1963）或期望理论（Vroom，1964）减少其努力程度，而这就更与组织目标相悖，即作弊是极具传染性的（Ariely，2009）。

如果权力和一个组织内不同地位的影响力的确会导致对竞争者真实等级的偏见，以及随后那些认为受到不公平待遇员工的消极怠工，那么组织应如何应对这些后果呢？第一，锦标赛理论表明提高竞争者之间的同质性可以应对上述难题，比如减少荣誉和地位的差异。尽管这种方法对于正式地位来说是可行的，但对各种各样的非

正式地位等级来说则相当困难。总之，社会和组织是可以根据意愿加以设计和调整的。然而，由于相关性、复杂性和动态性的存在，许多变量与管理控制相抗衡。第二种方法也试图压制竞争者对锦标赛结构和进程的不规则影响。一般情况下，组内晋升或荣誉锦标赛都以业绩为竞技指标。评价售货员好坏的简单指标就是年销售额或利润，但在高级管理层水平上的晋升则与上下级关系和个人主观评价有极大关联（Judge and Ferris，1993）。在 Encinosa（2007）关于薪酬制度影响因素的研究中，只有 17%的调查对象表示曾接到过关于小组成员预期生产力的正式政策或者明确指导。因此，锦标赛制度和荣誉晋升激励制度在复杂的组织中经常遭遇含糊不清和被篡改的窘境。

锦标赛激励方案的效率不仅受到地位、权力、影响力和公平性的阻碍，也在很大程度上受到程序方面的影响，比如说绩效反馈。通常，对个体绩效的反馈能促进绩效增长，但锦标赛激励方案却恰好相反。Hannan 等人（2008）在其文章中提供了很多原因以解释比赛期间提供个人绩效反馈会使个人绩效变坏的现象。

2.1.3.4 竞争还是合作——荣誉、地位的反馈效应

锦标赛理论隐蔽地假设组织能从员工的相互竞争中获益。因此，竞争者为高荣誉、地位展开激烈竞争并因此更加努力，即减少逃避和懒惰，是管理者最想看到的结果。但是，事实上员工的内部竞争与团队合作、知识分享、授权和互相扶持背道而驰。

然而，到目前为止荣誉地位与业绩的相关关系仍未得出清晰一致的结论。集中研究高地位对个人绩效影响的 Ball 和 Eckel（1996）发现，处于高地位者比低地位者更能从协商过程中获益，而这与 Ball（2001）对荣誉地位对市场绩效的研究相一致。Belliveau 等人（1996）调查了地位对 CEO 薪酬的影响，研究发现 CEO 的高地位若与其薪酬不符，其高地位将会使其获得更高薪酬。此外，Oka-

moto 和 Smith（2001）更加强调地位在协商过程中的显著优势，与地位较高者的讨论发言将会对小组讨论的过程和结果产生巨大影响。然而，Spataro（2002）的研究则发现高地位者在与低级别者一起合作时会对其个人工作绩效产生负面影响。关于低地位者的实证研究结论则正好相反，与高地位者的合作有助于其个人绩效的提高（Ball and Eckel，1996；Belliveau et al.，1996；Ball et al.，2001）。Spataro（2002）针对合作环境中高低地位转换行为和表现的研究发现：在合作环境下，低地位者绩效提高，而高地位者则会减少努力。

为了给这些杂乱无章的研究结果一个完美的解释，竞争程度似乎是一个关键因素。此处的出发点是把地位作为一种经济资源（Berger et al.，1977；Podolny，1993；Ball et al.，2001），即地位将如其他资源一样，被作为实现其拥有人最终目的的手段。与主流经济学理论相一致，我们假设所有经济参与者都根据其自身利益采取适宜的经济行为以最大化自身效用，那么参与者究竟是选择竞争还是合作将会变成一个开放性问题。将这些差异应用于解释高地位拥有者的行为可以得出以下结论：

两个先决条件使得组织环境具有竞争性特征：（1）高地位者比低地位者更有可能获得非正常租金；（2）组内成员对地位的争夺是不断延续的。在这样的假设下，那些高地位者在与低地位对手共事时，将不会给出合作信号和合作行为。这种竞争性环境和行为似乎很匹配（Ball and Eckel，1996；Ball et al.，2001；Podolny，1993），甚至 Belliveau（1996）所描述的环境也都具备了竞争特性，因为 CEO 和薪酬制定者在薪酬谈判中并不会合作。此外，也有大量研究者（Turner and Brown，1978；Sachdev and Bourhis，1987；Cadinu and Reggiori，2002）均指出了大量具有竞争性的情况。

在合作情境中，高地位者与低地位者之间没有地位之争，高地位者也没有特殊租金收入。因此，高地位者在与低地位者互动时较注重对方的利益和目标。然而有趣的是，这样一个“无竞争”环境仅仅出现在 Spataro（2002）为解释人们共同工作完成任务的研究当中。

显然，组织内部员工之间是竞争还是合作，这一争议为荣誉和地位研究中的冲突现象提供了新视角。根据这个视角，在竞争环境下高地位者能使个人、团队和组织提高绩效，尤其是在等级锦标赛中。在合作条件下，高地位者的高度依靠合作的绩效会有所减少；与此相反，低地位者则能在合作条件下提高其绩效，然而竞争条件则产生了一个相反效果的力量从而导致绩效被销蚀。

因此，组内荣誉和地位研究进一步证实了组内锦标赛制度的有限适用性。那些依赖合作和员工忠诚度的组织应避免或谨慎使用锦标赛制度，而那些需要更多员工个人努力的组织则能够从晋升和金钱奖励的高度竞争中受益。毫无疑问，专业技术类服务公司是复杂锦标赛体制的频繁使用者，这一体制对它们来说是明智而有效的，同时它们也通过引入评估体系来最小化团队合作行为。

综上所述，尽管锦标赛和荣誉晋升激励体制会大大激发员工的积极性，但我们必须承认其对组织效率的影响程度被高估了。当我们了解了锦标赛理论对体育赛事的误解，并正视其严格假设下的思想实验的局限性之后，以 Lazear 为主要倡导者的锦标赛理论对制定最优劳动合同的适应性和优越性则得不到更多的证据支持。通过在组织中实施锦标赛制度来引导和维持员工最高水平的表现，这一做法在理论界吸引了人们越来越多的注意力。然而，在组织中实施锦标赛制度即使不像大多数情况下会产生反作用，至少也是有风险的。此外，在组织环境内锦标赛制度所带来的经济效

益，即其激励作用，尚未被直接测量，并且仍存在一些隐性成本和无效迹象。

第一，组织内部荣誉和地位领域的研究表明：即使地位与金钱资源无关甚至可能迫使人们放弃一部分金钱利益，人们仍然会追求地位（Almenberg and Dreber，2009）另外，频繁地提供地位和荣誉将比增加薪酬的成本更小。鉴于金钱奖励的边际效用递减原则，将人们追求地位的动机定位为金钱这一因素并向高级管理人员提供额外的高工资是完全不合理的。

第二，锦标赛理论的有效性要求参赛者和组织架构以及比赛过程的高度均匀和稳定。Lazear（1998）指出锦标赛制度不仅激励高级管理人员为晋升或者长期连任而竞争，也能同样激发基层管理人员及普通职工。然而，其有效性基于一定的限制条件。如果低地位员工确信锦标赛的真实性，他们就会被相关锦标赛机制所激励。此外，在通常情况下，在大型组织的任何管理层晋升比赛中想要确定所有实际的参与者都是非常困难的（O'Reilly，Main，and Crystal，1988）。组织通常会提供多条有不同规则和要求的事业道路，以引导员工达到事业高峰。在组织地位领域的研究突出了一个事实：组织内部各种各样的正式或非正式的等级秩序、荣誉安排都可以用来激励员工。

第三，锦标赛理论假设参赛者具有独立性（Lazear 1989），就像羽毛球和台球锦标赛或者赛车比赛一样，晋升主要依靠个人绩效的比拼。然而，大多数组织并非依靠员工单打独斗，而是以团队合作和团队产品的有效生产为基础（Main et al.，1993）。激励员工专注于个人事业的晋升机会可能会引发机会主义行为并侵蚀合作意愿（例如交换重要信息），此现象在高级管理人员之间更为普遍（Dye，1984；Siegel and Hambrick，2005）。然而，通过引导合作行为或者将团队业绩加入评估标准可以缓解这种趋势，但这样的措

施又使得权势策略与组织目标相悖。因此，我们有理由相信，CEO 和执行委员会成员不是经营能力最强的人，也不是给公司带来最大利益且在组织中工作表现最好的人，而是那些被外在激励因素所驱动且行为无比狡猾的人。

因此，尽管锦标赛理论因能合理解释关于管理层薪金水平这一被越来越多社会成员视为不公平和不道德的事情而广受学术界、政治家甚至实业界的欢迎，然而，一些证据表明，该理论忽略了组织内部的其他特征，特别在研究组织中荣誉、地位、排名方面具有严重的适应性问题。基于此种缘由，我们才有必要开发新的模型与工具。第 2.2 节的文献分析为这一模型的引出提供了现存的理论依据。

2.2 本书模型的理论基础——基于多学科的文献分析

在心理学和实验经济学的不断进展中，对组织中非物质激励的传统解释（例如前文中的锦标赛理论）渐渐遭到质疑。研究表明：荣誉、地位不仅是实现目标的工具，更有可能就是目标本身，在组织中的个人效用函数可能就蕴含了一部分来源于地位、荣誉这些象征物的效用（Emerson 1962；Frank 1988）。

2.2.1 模型的生物学理论基础

早期这类研究集中于生物学上的实验证据。生物学家发现，获得荣誉或更高的排名往往伴随着更高浓度的 5-羟色胺（serotonin），这种物质是大脑中的神经传递介质，低浓度的 5-羟色胺就可以使人感受到强烈的幸福（well-being）（Madsen，1994）。此外，研究

表明，当雄性猴子在其同伴中获得更高等级时，其 5-羟色胺含量会大幅上升；反之，若其地位被剥夺，则其 5-羟色胺含量下降（Raleigh et al.，1991）。在人类中，类似的实验是不能被进行的，但是 5-羟色胺含量与社会等级之间的正向关系在一些特殊群体中已经被发现（Madsen，1994）。Deborah Waldron（1998）从进化心理学的视角解释了人类对于荣誉、地位的渴求，本质原因还在于人类早期使用等级、荣誉来区分个体，获得他人尊重往往意味着有支配和控制他人的权力，从而获得更多的资源和繁衍概率，这种心理动机被代代遗传并得以进化。以至于在当代，即使这些荣誉、地位的象征物不能带来任何物质收益，由于基因的作用，人类内心也会对这样的信息有强烈反应。

2.2.2　模型的社会心理学理论基础

Bernardo Huberman 等人（2004）开启了这一领域心理学实验的大门，研究者考虑了不同文化背景下的被试者，发现被试者对于地位、荣誉的偏好并不依赖于这些象征物所带来的物质利益，甚至被试者普遍表现出愿意通过金钱换取“短暂的荣誉”（这些荣誉不能带入其实验后的真实生活，也不能为其谋取任何物质利益）的倾向，这些结论在不同文化背景下仍趋于稳定。研究者由此正式提出：荣誉、地位本身就可以成为个体的直接效用之源。由此我们可以知道，自我驱动式的荣誉感，对于组织系统来说异常重要，因为它对组织中的代理人来说是一种强大的动机。如何有效地利用好这一激励系统，也应自然纳入研究者的视野中来。值得注意的是，现实中各种排名、荣誉、称号、地位的确广泛存在，但由于这些奖励往往都伴随着复杂的绩效—薪酬激励体系，因此社会科学中常常采用的现场实验（field experiments）在这个问题上的作用十分有限，原因在于无法将精神奖

励与薪酬激励孤立开来，故在此问题上，更多使用的是实验经济学中的受控实验或回归分析。

Bernardo Huberman 等人（2004）的文章发表在顶级的心理学期刊上，这一成果引发了经济学者热情的回应：Reto Cueni 等人（2004）采用 Fortune 500 Financial Services Provider 呼叫中心的面板数据，证实了获得荣誉奖励的确能够显著（在统计上和经济上显著）而稳健地提高参与人的工作表现。Susanne Neckermann 等人（2008）利用 IBM 研发部门的微观数据，证实了引入荣誉奖励能显著提高研发人员对组织中公共品提供的分享动机，而研究中的共享机制对于研发部门的绩效来说至关重要。Gary Charness 等人（2010）同样通过受控实验研究了当所有被试面对固定收益时，仍然会“积极”利用不道德的手段，剽窃、伪造、阻挠对方获得相对较高的荣誉排名，这种“积极”的努力甚至会减少被试的休闲活动。传统的经济人假设预测，在固定工资的情形下，被试不应该再付出任何努力，然而实验结果却与此相反，当被试被告知自己在所有被试中的排名之后，工作变得极为努力，而且对于降低其他被试的荣誉也极为在意。这些受控实验再次为以下论断提供了证据：人类除了物质刺激之外，同样在意自己在组织中的荣誉、地位和称号，即使这些象征物不能带来任何物质利益，也同样可以提高参与人的驱动力。

Frey 和 Neckermann（2008）在研究中指出，荣誉奖励的激励作用可以是事后或事前、直接或间接的。Fama（1980）从不同时期的角度论证了事前激励与事后激励的等价性。例如在工作中，荣誉奖励的激励作用不仅体现在人们追求这种奖励时，还体现在他们被授予荣誉奖励之后。具体而言，荣誉奖励创造并树立了模范，帮助传递有关成功、期望中行为的信息（Bandura，1986，pp. 18－22），改变了工作环境中盛行的规范和价值观（Dessler，1999）。

荣誉奖励的直接作用就是将奖励授予某种行为或表现，例如授予最近一年中为顾客提供最佳服务的人员，以激励该员工付出更多努力；间接作用是通过荣誉奖励树立模范，传递有关期望中行为的信息，并激励其他个体参与到同样的任务、同样的行为表现中，尽管个体并不期望在未来赢得同样的奖励。根据经济地位模型，获得荣誉奖励能提升接受者的相对地位，由此预测接受者会付出更多努力，而没有受到奖励的人会减少投入。从心理学角度来看，荣誉奖励带来的积极反馈和社会认可会激励并提升接受者的表现（Ambrose and Kulik，1999）。同时，对于接受者来说，再次获得奖励的激励效果很小，而对于未获得者而言作用不可忽视。但从另一方面来看，未获得者也可能因为沮丧或失望而减少努力。

从社会学视角来看，地位是获得更多未来资源的途径（Lin，1990，1994）。因此，人们需要“理性”地追求地位——能力的象征和获取资源的途径。除了作为一种获得资源的方法，地位本身也是一种有价值的资源，能为个体创造直接的效用。世界经济的重要组成部分是充当着高地位信号的昂贵展示产品的生产。经济学家称其为位置商品，这些商品的价值不在于其内在价值，而取决于其稀缺和特殊性（Hirsch，1976）。而地位也正是这样一种位置商品。作为一种理性工具，经济学者已经将“地位”纳入个人效用最大化方程（Bolton and Ockenfels，2000；Coelho and McClure，1993；Congleton，1989；Kahneman and Thaler，1991；Konrad and Lommerud，1993；Robson，1992）。地位作为一种重要的非物质激励，能影响并驱动个体行为，具体体现在：

（1）对地位的追求是个体的基本行为，也是基于自然选择的结果。Troyer 和 Younts（1997）认为，个体参与到群体中的最主要动机是避免地位的缺失。Waldron（1998）进一步指出了追求地位的生物需求。根据进化心理学的中心理论，基于自然选择的原则，

心理上和生理上的作用机制是在种族进化的历史中被选择的，地位较高的个体更容易获得稀缺的、受欢迎的资源，因此在进化过程中更容易被自然选择。

（2）高地位的个体更容易被认为具有更强的能力。在组织研究中，很多文献认为个体的高地位会使得别人作出他能力更强的假设。例如，在一个领域的高地位会被一般化并拓展到其他领域。Webster 和 Hysom（1998）发现，尽管处理任务的能力与教育水平没有直接关系，高学历会让他人认为接受了高等教育的人比只接受了低等教育的人更具有此方面的胜任力。因此，地位较高的人与地位较低的人相比，不需要付出很多努力就能作出出色的表现并取得他人的认同。例如，Szmatka，Skvoretz 和 Berger（1997）发现，那些拥有更高地位者被追究责任的性能标准比地位较低者更低。Kilduff 和 Krackhardt（1994）指出，被认为有地位显赫朋友的人能提高其自身声誉。此外，地位源自组织本身以及组织的内部成员（例如，Elsbach and Kramer，1996），有更高地位的组织的员工被认为表现优于地位相对较低组织内的成员。

（3）高地位能带来更高的回报，尤其是物质回报。例如，高地位公司的子公司能缩短上市时间，并且比缺乏高地位的子公司产生更高的价值。D'Aveni（1996）发现，获得高地位大学的学历能增加升职机会。地位带来的积极影响在不确定的情况下更加突出，尤其是当别人试图却没办法找到关于某人胜任力的相关证据时。例如，Chung，Singh 和 Lee（2000）发现，高地位的投资银行在上市这种高度不确定的环境中比在经营保险业务时更易与其他高地位者结成联盟。相似地，Pfeffer（1977）发现，在个人绩效缺乏明确考量标准的美国银行业，占据一个高的社会地位对组织发展的预测作用比在考核指标清晰的制造业更为明显。这种作用具有很强的一般性。例如，高地位的人不容易被困扰，更容易在交涉中取得好的结

果。然而，Huberman 等人（2004）发现，地位对于个体的价值与任何物质回报或结果无关，人们愿意牺牲一些物质回报以换取地位。

（4）高地位使人们更容易获得他人的尊重，从而获取更多资源。Berger 和 Zelditch（1998），Lovaglia 等人（1998），Okamoto 和 Smith-Lovin（2001），Szmatka，Skvoretz 和 Berger（1997），以及 Webster 和 Foschi（1988）都发现，高地位的人在小组讨论中更有影响力，能获得更多尊重。Levine 和 Moreland（1990）在社会心理学实验室研究中指出，高地位者有更多机会运用社会影响力，也更倾向于影响他人，影响力也比低地位的人更强。其他学者也记载了与期望的尊敬相一致的行为模式上的差异。比如，高地位个体在交互过程中更具有支配性并且笑容更少（Carli，LaFleur，and Loeber，1995），也更容易导致组群内偏见（Ng，1985；Sidanius et al.，2004）。地位的优势体现在对具有冲突性地位的人的研究中，他们趋向于强调高地位特征而忽视低地位的特征（Elsbach and Kramer，1996）。相反，失去地位的人更容易变得不满意、降低自尊心、在工作中表现出消极状态（Schlenker and Gutek，1987）。Elsbach 和 Kramer（1996）发现，当一个组织的地位下降时，其组内成员较高地位组织会产生更多言语和行为上的分歧。Pearce，Ramirez 和 Branyiczki（2001）则发现：相对地位不一致是高管在经济转型期开展变革策略的主要动力。此外，有大量证据表明，那些在不同组织中地位不一致的角色承受更大的压力（Bacharach Bamberger，and Mundell，1993）。

因此，高地位在不相关领域的竞争力假设、更多物质和非物质报酬、赢得更多尊重等方面有很多优势。鉴于此，高地位被积极追求并被有力保护。证实了地位的有利性之后，学者们继续深入研究了获得高地位的途径。Weber（1914）提出，社会地位是基于职业

声望、血统声望、生活风格、正规教育，以及一些时间间隔和物质财富。正因为地位与特定社会环境相关，高度环境依赖，故不同团队、组织、行业和文化中获得更高地位的途径会有所不同。但在一般情况下，可归结为以下几种：

首先，拥有更多金钱是通往更高地位的一个普遍途径。例如，Nee（1996）发现，随着中国市场经济改革的发生，公职人员控制的金融资源比例越来越小，其地位也随之下降，反而是能获得更多金钱的私营企业职员拥有更高的地位。同样，更高的教育水平（Bidwell and Friedkin，1988）、更高的职位（Kanekar，Kolsawalla，and Nazareth，1989；Riley，Foner，and Waring，1988）和更大的团队组织（D'Aveni and Kesner，1993；Kadushin，1995）都是通向有关领域较高社会地位的途径。

其次，优异的工作表现也是获得更高地位的可靠方法。Shackelford，Wood 和 Worchel（1996）发现个人可以通过高效完美地完成任务来展示其优越的能力，并进一步提高其地位。这表明有利于团体或组织的行为是赢得尊重和高地位的基础。

再次，一些特定的个性特征也有利于获得更高地位。例如，那些平易近人、更善表达、更加自信的人更易获得高的地位（Driskell，Olmstead，and Salas，1993；Skvoretz and Fararo，1996）。He 和 Huang（2009）以及 Tansuwan 和 Overbeck（2009）发现，隐性地表达轻蔑或者隐性或显性地表达骄傲会让他人感觉其拥有更高的地位。此外，非语言行为，如保持眼神交流、主动坐在主座上也使得别人感觉其地位更高（Berger and Zelditch，1998）。

最后，组织通过提供高质量产品来获得高地位（Podolny，1993）。并且，接受包括广告公司（Baker，Faulkner，and Fisher，1998）、律师事务所（Uzzi and Lancaster，2004）和由著名机构支持的组织（Stuart，Hoang，and Hybels，1999）在内的高地位服

务提供商会提高接受服务组织的相对地位。

2.2.3　模型的实验经济学基础

除此之外，还有很多文献都在近期做了类似的工作。这些文献基本都沿着实验经济学的思路，在控制严格的实验中，确定了排名、荣誉、地位可以作为个人的内生偏好而不需要和任何有形的物质利益相联系。Falk 和 Ichino（2006）发现同伴的出现可以导致被试表现得更好，尽管这种更好的表现不能带来任何物质利益；Kuhnen 和 Tymula（2012）展示了当被试被私下告知其排名时，也会表现得更加努力；Duffy 和 Kornienko（2010）展示了，私下反馈被试的相对排名，会提高其之后的表现；Charness 等人（2010）区分了竞争偏好[①]和排序，发现这两者都可以成为个人的内生偏好。当然，也有实验证据对“信息反馈促进了参与人的表现”这一论调表示怀疑。Eriksson 等人（2009）发现，排名反馈不能促进参与人的表现，除非有薪酬激励作用；Hannan 等人（2008）发现一旦信息反馈足够准确，在锦标赛模式下相对排名的反馈反而会降低参与人的后期努力。反面证据在我所知的文献中数量稀少，且更为关键的是，在其实验模拟中，一般都引入了更复杂的薪酬激励形式而非其他文献使用的固定薪酬。因此对于这些例证，更恰当的解释是使用荣誉排名这类精神奖励的同时，需要考虑到薪酬激励的形式。换句话说，如何最优地混合使用荣誉排名与薪酬激励，在实验层面并没有给出明确的答案，但这些经验事实却给出了本书的立论基础，尝试给出最优地混合使用这两种激励模式的方法，从而使得组织效能得以最好地发挥，并解释这些看来并不一致的实验结果。

---

①　竞争本身即可带给参与者效用满足，即个人会享受竞争的过程，而不单单是为了竞争的结果——排名。

之前提到过，由于很难分离各种物质刺激，因此除了可控实验之外，现场实验在研究荣誉、排名的内生偏好问题上存在较大困难，但这种内生偏好是否在现实中已经被发现了呢？这正是后来的经济学者努力回答的问题。较为有影响的工作出现在2010年、2012年《公共经济学杂志》（*Journal of Public Economics*）的两篇文章中。与之前的研究不同，Ghazala Azmat 和 Nagore Iriberri（2010）并没有采用受控实验的方法，而是利用自然实验生成的长面板数据，采用计量技术控制，分离反馈效应（feedback effect），从而间接考察荣誉、排名等非物质激励对于高中生学习效果的影响。研究发现，引入学生成绩相对排名的反馈信息，会对学生的成绩表现起到很强的正向作用（相对于对照组）。作者提到，这样的结果之所以令人振奋，是由于成绩的相对排名对于学生没有任何具体的奖惩，但学生依然会对代表荣誉和尊严的信息作出反应。作者还指出，相对于教育类文献中改进学习效果的其他方法，信息反馈、荣誉效应所起到的作用是显著且无成本的，并且对于所有能力类型的学生都适用。

Anh Tran 和 Richard Zeckhauser 在其2012年的工作中为这一问题提供了更为清晰的答案。Anh Tran 和 Richard Zeckhauser（2012）的文章题目为《作为内在激励的排序：来自现场实验的证据》（Rank as an Inherent Incentive：Evidence from a Field Experiment）。文章的引言部分引用了 Adam Smith（1759）的话："在我们同辈之间的荣誉或排名，可能是全体人类最强大的欲望所在。"这表明，人类渴望地位、荣誉的原因不仅仅是为了财富和物质上的更大满足，更为重要的也许是地位、荣誉及其象征物可以直接带给人类精神层面的满足而与有形的利益完全无关。文章的作者试图证明的正是这一观点。作者同样采用学生作为研究对象（这样做是为了模拟排名、荣誉不能带来直接利益），试图在大学本科生的英文

成绩中发现单纯的排名驱动行为（rank-seeking behavior）。研究者考虑到，较大范围的排名可能会对学生未来的就业产生影响，从而给被试带来未来物质利益的考量，因此研究者力图使这样的荣誉排名在较小的范围内展开，将此种因素控制到最低。研究结果表明，对于成绩的荣誉排名可以显著地提高学生的努力程度以及最终的测试成绩，即使这种排名不会给被试带来任何有形收益。这一结果对于 Adam Smith 在其《道德情操论》中所论述的人类对于荣誉、地位、排名的内生偏好相一致。研究者基于这些结果，认为尽管利用这样的内生偏好可以改进参与人的表现，但从社会层面来看，由于这种偏好的内生性，引入它的同时也会对另外一些人造成损失，因而在怎样的环境下，如何最优地使用这种非物质激励还需要进一步进行理论探索。总之，在讨论相关问题时，将荣誉、排名、地位纳入偏好的做法有了相当成熟的理论基础。

以上大量生物学和心理学的证据，以及受控实验和自然实验的结果都清楚地显示了人类对于荣誉、地位、称号的渴望是可以不和任何物质利益相关的，而仅仅来源于心理层面的满足。正如 Ori Heffetz 和 Robert Frank（2008）论述的那样，大量积累的实验证据基本上可以验证这 “将荣誉、地位这类象征物纳入个人效用函数”的假设，在整个经济学界也期待能够对地位、荣誉这样的研究议题有更为一致的看法。然而，直接操纵地位、荣誉的做法，却无法回答荣誉奖励通过怎样的机制影响参与人的表现，反而带来更多的“特例”。而本书则试图通过理论模型的方法，运用思想实验在接受荣誉奖励的内生偏好假设之后，对如何在组织中混合使用薪酬激励与非物质激励给出了一个一致的逻辑。在解释这些特例的基础上，进一步探讨荣誉奖励的作用机制。

从之前的文献分析中我们可以看到，荣誉、地位、排名等诸如此类的精神奖励在不同经济发展水平、不同文化背景的各类组织中

被广为利用，作为一种组织现象也的确值得我们研究其激励机制、作用形式以及最优使用方案。同时，近年来的证据（生物学、实验室、现场）和实证经验基本已经确认，人类之所以会对这些精神奖励作出反应是源于人类在心理层面对这些精神刺激有受体，因此作为经济学的基本假设，我们可以认为这种现象属于内生偏好。但这样的假设也留有很多疑问，最为关键的问题是，这种内生偏好和我们熟知的个人对于消费品的满足感之间有何异同？在现实中，我们随处可以观察到象征荣誉的精神奖励与普通的物质激励存在着很大差别。设置一个较为简单的反映荣誉带来的心理满足的效用函数，同时又能解释物质激励和精神奖励之间的差别，这是本书试图完成的第一步。基于此，我们有必要归纳薪酬激励与荣誉奖励之间的差别，并且对现实中精神奖励的使用模式进行梳理。

第一，对于颁奖者（往往是组织中的委托人）来说，地位、排名、称号等荣誉奖励的成本极低，和薪酬激励相比几乎可以忽略不计；但对于获奖者来说，荣誉奖励的“价值”非常高，它来自这些象征物带来的组织内部的认同和尊重。

第二，尽管颁发荣誉奖励几乎无成本，但荣誉奖励的“价值”与组织中的社会比较有关，因此，组织中获得该类奖励的人越多，其相对“价值”越低，表现出的激励效果越差。关于此，除了我们的日常感知之外，更为严谨的讨论请参考 Haimanti Bhattacharya 和 Subhasish Dugar（2013）的《排名竞争：实验证据》（Contests for Ranks：Experimental Evidence）一文。在该文中，研究者将荣誉定义为被试绩效的相对排名，且被试的收入独立于绩效和排名。在这种情形下，实验结果和之前的文献一致，证明了排名的荣誉效应可以显著地提高被试的努力程度。更为有趣的是，研究者发现，荣誉奖励的相对多寡会影响荣誉效应的发挥。具体来说，在更大的群组中，更加稀缺的荣誉奖励会激励更努力的表现，但这种作用存

在瓶颈；在更小的群组中，更加稀缺的荣誉奖励并不能显著地提高被试的绩效。同时，如果固定荣誉奖励的数量或者获奖比例，则在更大的群组中，这种激励效果表现得更为显著。[①]

第三，和薪酬激励不同，由于荣誉奖励产生的心理学机制和社会比较有关，因此，荣誉奖励的颁发除了要考虑对获奖者的激励效果外，还需要考虑对于未获奖的其他人的负面刺激，这种精神奖励具有“外部性”。

第四，和薪酬激励相比，荣誉奖励更多地被使用在绩效难以考核的组织领域，例如公共事业部门。在这些领域往往并不采用绩效工资，而采用等级工资，因此，在同一工资等级中进行激励所能采取的不多的方案就是荣誉奖励。再如在新中国成立初期，全面推行分级工资制，因此各种劳动模范的称号在这种情形下就成为重要的激励来源。

第五，采用荣誉性质等精神奖励可以避免物质刺激所产生的挤出效应（Festinger-Carlsmith，1959；Deci-Ryan，1985；Gneezy-Rustichini，2000；many papers by Frey，Fehr，and co-authors；Jean Tirole，2009）。这种效应表明，个体往往愿意参与一些需要付出成本但个人收益甚少的公益事业活动，但一旦这种参与被给予物质补偿，则会大大“挤出”个体主动的参与意愿，降低公共品的提供。这也正是为何在公益事业中，荣誉奖励的使用频率更高的一个原因。

第六，荣誉奖励的颁发都在事后，且更多地反映了委托人的主观评价，甚至在某些特殊情形下，委托人可以进行“信息操纵”（information manipulation），奖励那些按照正常规则不适合获奖的

---

① 该文中有很多有趣的实验结果，在此不一一展示，但这些实验结果也是本书希望借助一个一致的模型框架加以解释的。

人。因此，荣誉奖励事前具有更大的不确定性，往往代表了颁奖者与获奖者（委托人与代理人）之间一种更为隐性的合约关系（Rousseau and Parks，1993；Rousseau，1995）。与之相比，薪酬计划则是一种事前的、显性的、更加明确且更容易被执行的契约关系。

更为全面而宏观的分析可以参考 Bruno Frey（2007，"Awards as Compensation"）。在这篇文章中，作者通过大量历史事实和国际经验比对，总结归纳了荣誉奖励在使用方面的几个基本假设：

第一，组织中的委托人所能掌握的物质资源越少，荣誉奖励越多地被使用且越能发挥作用；

第二，上级（委托人）对下级的事前监督越难实现，荣誉奖励越多地被采用；

第三，能够颁发荣誉奖励的委托人越少，或者说，荣誉奖励的控制权越集中，则产生的激励效果越有效；

第四，荣誉奖励应该尽可能具备较少的"地位商品"（positional goods）的特点，才能尽可能降低对组织效能的损害；

第五，委托人的政治任期越短，或权力时限越短，则会倾向于颁发越多的荣誉奖励。

2.2.4 文献研究的总结

以上这些荣誉奖励的微观、宏观特点，反映了其作为一种人类心理层面的内在驱动，的确和物质刺激等其他驱动因素存在明显的不同之处。而这些独特的性质，加之前文已描述的多学科研究成果，也为本书的立论提供了证据和逻辑线索。

（1）我们已经确认了以下事实：现实中的组织正在广泛、普遍、高频率地使用诸如荣誉、地位、排名等精神奖励作为激励计划的一部分。

（2）生物学和心理学的证据，以及大量实验经济学的成果可以从微观基础上确认，对于荣誉奖励的渴求是人类深层心理需求，而不需要和任何物质激励相联系，从而将荣誉、排名、地位等社会心理因素引入个体的效用函数是具有充足理由且在文献上可以被接纳的。

（3）在效用函数中直接引入荣誉奖励因素后，仍存在很多独特的现象和问题需要阐释，特别是要阐明荣誉奖励的使用与薪酬计划的最优使用有何差别，如何配合薪酬计划为组织提供全面的激励。这些问题在理论上目前仍然缺乏一个一致的逻辑描述，而本书则希望在这方面做一些基础性工作。

第3章 基准模型

3.1 模型基本假设

作为一篇理论文献，基准框架（benchmark）尤为重要。本章试图在一个完全信息的一期框架中描述本书所涉及模型的基本假设和情景设定，并通过基准模型刻画本书所设定的个体间的利益互动和权衡（trade-off）。

传统的委托代理模型，实质上就是一个委托人的最优合约设计问题。面对代理人的不可观测的行为，委托人通过事先确定并“公示”的工资合约，“迫使”代理人参与合约，并作出最有利于自身同时也最大化委托人利益的行为。本书的基本思路仍

遵从这样的框架，但最大的不同在于：之前的传统模型认为代理人只会对工资这样的直接物质刺激起作用，因而委托人只需在工资这一维度上考虑优化问题，形成最优的工资合约。然而，正如前文所述，现代心理学、实验经济学与管理学的大量实证证据与理论假设，基本上支持本书的核心假设，即代理人不仅会对工资产生直接效用，而且长期效用的演化导致参与人在群体环境中也会格外看重其荣誉、排名、地位等具有身份区分功能的象征物。这些象征物虽然不能在短期或长期带给参与人任何物质利益，但可以在精神层面直接激励参与人。这种精神刺激体现为荣誉排名的高低可以与货币刺激带来的效用做类比，从而将这些象征物的某种形式带入参与人的效用函数。

为了和委托代理模型的传统相一致，在讨论不完全信息之前，需要在完全信息的情景下讨论最优解（first best solution），本章也做类似处理。首先需要明确一些基本假设。

假设 1：代理人的效用函数可以表示为：

$$U_i=(1-a_i)\cdot w_i\cdot s_i+a_i\cdot(s_i-s_j)-c_i(e_i)$$

$$\forall i\neq j,0\leqslant a_i\leqslant 1,i,j\in\{1,2\} \qquad (3—1)$$

式中，w_i 和 s_i 分别代表代理人所得到的工资和精神奖励（spirit awards）。精神奖励可以表达为序数性质的荣誉、排名、地位等象征物。观察式（3－1），我们有以下几个发现：

第一，代理人的风险态度是中性的，这样的设定可以简化分析。

第二，代理人的效用是由（$1-a_i$）·w_i·s_i 与 a_i·（s_i-s_j）的凸组合构成，这样的表达是为了体现前文论证的精神奖励具备的一些典型特征。带来精神刺激的荣誉奖励混合了自我满足和社会比较两重因素。在凸组合的第一部分（$1-a_i$）·w_i·s_i 中，荣誉奖励与工资呈现互补关系，意味着低的工资水平可以在一定程度上被高的

荣誉奖励所替代，但如果工资收入极低（例如为0），则任何高水平的荣誉奖励都无法补偿。同理，如果荣誉极低，则需要非常高的工资收入才能补足。在这一部分，只涉及代理人自身的工资水平和荣誉高低，不涉及社会比较，因此我们将其称为“自我满足效应”。在凸组合的第二部分 $a_i \cdot (s_i - s_j)$ 中，很明显，涉及社会比较。在我们的基准模型中，由于只考虑两个代理人，因而这种比较只是简单的“二人做差”的关系，我们将其定义为荣誉的“社会比较效应”。这一部分可以体现出荣誉奖励的稀缺性特征。在社会比较中，我在意的只是“我比你强”，因而当所有人都获得一样的荣誉奖励时，荣誉奖励在社会认同、社会尊重方面不能发挥任何作用，表现为社会比较的效用为0。泛滥的荣誉奖励的价值为0，被内部化在我们对代理人的效用设定中。

第三，自我满足和社会比较的凸组合系数 a_i（$i=1，2$）存在差异，这意味着不同的代理人对于荣誉奖励的两个基本刺激看法不同。有趣的是，当这一系数退化为0或1时，代理人对荣誉奖励的看法相应退化为单纯的自我满足与单纯的社会比较。对于单纯自我满足的代理人，必须对其进行高的工资激励，才有可能使其参与合约并努力工作；对于单纯社会比较的代理人，更为有趣的是，工资水平已经无关紧要，委托人甚至可以无成本地运用荣誉奖励来起到激励效果，但此时委托人需要关注的是如何在异质的代理人之间进行荣誉分配，不恰当的荣誉分配，后果是极其严重的。现实中的组织也为我们的设定提供了注解：在军队或各种志愿、义务组织当中完成某项具体任务时，往往没有任何报酬，但这类组织仍可以通过各种精妙的荣誉奖励完成组织目标。

假设1是本书引入行为因素的出发点，它的存在不但明确了代理人内心深处存在精神奖励或荣誉排名的诸多“受体”，同时也为

各种激励效果的权衡提供了潜在的、更为精致的可能性。比如，上文提到的荣誉奖励的外部性、稀缺性以及与工资收入的互补关系，都可以在更为精确的参数体系中予以具体讨论。尽管假设 1 中的效用函数具备一些经验证据所反映的特征，也可以被进化心理学的演化理论所部分解释，但作为抽象的效用函数，其真实性仍然值得高度怀疑。依据理论经济学的传统，内省的、抽象的效用函数的确不必真实存在，它的产生只是为了提供一个逻辑起点，关键在于基于这样的起点的逻辑演绎是否可以被经验事实所验证，或是否能够带来人类的新知。基于这样的“弗里德曼假设虚拟性”（Friedman's non-realistic assumptions）的信念，行为经济学才得以发展。从这个意义上看，本书的关键虽然起源于行为假设，但最为重要的却是基于这个被经验证据基本认同的效用函数，沿用合约理论的标准方法讨论行为激励理论（behavioral incentive theory）（Jean Tirole，2008），并在推演过程中解释荣誉奖励如何与工资合约混合使用，从而实现组织目标。

假设 1 所表明的特殊偏好，实际上早已被经济学家广泛关注。Tore Ellingsen 和 Magnus Johannesson 在 2007 年所发表的一篇题为《支付尊重》（Paying Respect）的综述文章中，就梳理归纳了经济学家在这个领域的一些洞见。作者认为，在委托代理关系中，雇主应该使用货币支付和“尊重”的组合，从而帮助雇员实现从物质上到心理上的满足。这种理念在现实的劳务合约中已经被广泛采用，例如大量的管理类实务书籍的流行就是佐证（Bob Nelson，1994，*1001 Ways to Reward Employees*；Dianna Podmoroff，2005，*365 Ways to Reward and Motivate Your Employees Every Day: With Little or No Money*）。同时，存在这些“菜单”式书籍及其“煽动式”演讲的巨大市场，也恰恰说明了传统激励理论在混合物质支付与荣誉奖励的这个领域内做得还远远不够。作为一个尝

试，我们必须首先将代理人效用函数层面的个人尊重和社会比较加入模型，才可以讨论委托人如何最优地使用物质支付与荣誉奖励的组合，因此假设 1 也是整个模型的起点。

我们在假设 1 中已经看到代理人对荣誉奖励的看法存在差异，这是异质性的来源之一，除此之外还有代理人的能力高低，具体见假设 2 和 3。

假设 2：代理人的努力程度 $e_i \in \{0, 1\}$ 分别表示努力与不努力的两种行动，其成本函数相应为：$c_1(e_1=0)=c_2(e_2=0)=0$，$c_1(e_1=1)=c_1$，$c_2(e_2=1)=c_2$，且 $c_1<c_2$。

假设 3：代理人行动的后果是 $q_i \in \{l, h\}$，$0<l<h$，$i=1, 2$。代理人行动的后果是受其努力程度影响的随机事件，具体概率分布由以下定义式描述：

$$
\begin{aligned}
&\operatorname{prob}\{q_i=h \mid e_i=1\}=\pi_1, i=1,2 \\
&\operatorname{prob}\{q_i=l \mid e_i=1\}=1-\pi_1, i=1,2 \\
&\operatorname{prob}\{q_i=h \mid e_i=0\}=\pi_0, i=1,2 \\
&\operatorname{prob}\{q_i=l \mid e_i=0\}=1-\pi_0, i=1,2
\end{aligned}
\tag{3—2}
$$

代理人的产出 q_1 和 q_2 之间彼此独立，且 π_0，$\pi_1 \in [0, 1]$。

从假设 2 和 3 来看，为了便于得出解析解，我们沿袭标准设定（Laffont，2002）采取了离散形式的模型结构。代理人的努力程度只有两种状态，也仅有两种产出水平。值得注意的是，我们通过设定边际劳动成本的高低来描述代理人的能力差异。在假设 2 中，可以体现为，代理人 1 的能力较强，因为在期望意义下，代理人 1 的单位劳动的边际产出与代理人 2 相等，但其边际劳动成本低于代理人 2。

有了代理人的效用函数与其生产过程，我们对委托人的偏好也可以用假设 4 来刻画。

假设 4：

$$V=q_1+q_2-w_1-w_2 \tag{3—3}$$

同样，我们假设委托人是风险中性的。值得注意的是，精神奖励 s_i 并没有被纳入委托人的效用函数中。这一设定的目的在于模拟现实中委托人几乎可以无成本地使用这种激励手段。尽管在这个维度上委托人是不受限制的，然而由于代理人对精神奖励的特殊偏好，委托人基于此种考虑也会对此优化而非任意使用。因而，和传统委托代理模型不同，此时委托人能够通过合约签订而直接控制的变量是 w_i 和 s_i，委托人的最优合约问题则扩展为在二元组 $\{(w_i, s_i) \mid w_i \geqslant 0, i=1, 2\}$ 上的选择。

在本书的讨论中，我们设置的参与人一共有三个，一个委托人、两个代理人。从假设 1 到假设 4 基本明确了这三个参与人的偏好和行为方式。我们的模型与传统委托代理模型的不同之处在于假设 1 引入了代理人的行为偏好。值得讨论的是，我们在对委托人的效用函数进行设定时，还是遵循传统假设，并未对其加入行为偏好。如何理解在同一经济情境中的不同取舍？解释这一问题还需回到本书所讨论的行为偏好因素——荣誉的特殊作用机制。一方面，本书所研究的荣誉等精神奖励的一个最为重要的特征就是这些象征物可以在群体或同伴中带来社会尊重与社会认同（Brennan and Pettit，2004），因而要讨论这些象征物的作用，必须将其置于群体环境中。另一方面，一些心理学方面的证据也向我们揭示了存在这样的可能性：人们喜欢竞争的过程，单纯的竞争过程而非结果就可以带给参与人心理上的满足（Frey，Benz，and Stutzer，2004）。无论哪种机制都暗含：这些代表荣誉的象征物必须在群体环境中才能发挥作用。这正是我们要求有两个代理人的原因，同时由于只存在单一的委托人，因而就完全没有必要引入行为因素，单一的委托人也更符合现实中的组织结构。

3.2 基准模型的情景设定

除了引入行为因素之外，假设 1 至假设 4 基本都是常规设定。在这些假设之下，我们将讨论模型的具体情景以及委托人与代理人的互动关系。本节将重点描述模型所讨论的故事和时间顺序。

我们所讨论的是一个委托人雇用并监督两个异质的代理人进行生产的故事。在基准模型中，我们所考虑的完全信息体现在以下两个层面：

第一，委托人完全掌握代理人的特征信息，例如生产技术、能力高低，以及对于荣誉比较的看重程度。简单来说，委托人了解二元组（a_i，c_i），$i=1$，2。

第二，委托人对于代理人的各自产量能够准确观测。

在这样的环境下，委托人可以根据不同代理人的不同产量，实现分离均衡。具体来说，此时委托人的合约签订的可行集合为：

$$\{(w_{1,h},s_{1,h}),(w_{1,l},s_{1,l}),(w_{2,h},s_{2,h}),(w_{2,l},s_{2,l})\} \qquad (3—4)$$

式中，$\{(w_{i,q},\ s_{i,q})\mid i=1,\ 2;\ q\in\{l,\ h\}\}$ 表示代理人 i 在不同产出情形下，工资与荣誉的组合。委托人与代理人的合约条款都是以产出多少为依据的。由于委托人事先可以区分异质性的代理人，因此即使在相同产出的情况下，委托人仍然可以对异质的代理人区别对待。更为有趣的状况在于，由于合约存在不同的维度，并且其中的荣誉奖励对于委托人不需要任何成本，这一独特的性质大大丰富了委托人和代理人之间的互动关系，这一局面类似于空谈博弈

(cheap talk)。[①] 委托人通过无成本的荣誉奖励表达自己对两个代理人的评价，而这些评价则关系到代理人各自的私人信息，包括能力高低和产出多少。现实中代理人由于很难了解他人的工资状况，因此只能将这种荣誉奖励视作信号（signals），从中探寻委托人所释放出的评价和其他代理人的私人信息，而这一点也恰恰能被足够理性的委托人所察觉，从而导致委托人通过荣誉奖励实施信息操纵(information manipulation)，以实现其最大利益。从这个意义上讲，维度的扩展不仅增加了委托人控制变量的个数，改变了整个模型的数理结构，更为重要的是，大大丰富了传统委托代理关系的权衡因素，引入信息操纵和信号博弈的内核。需要说明的是，我们这里所谈论的完全信息，是指委托人能够掌握代理人的能力类型、产量高低，但这些信息在代理人之间仍然是不可观测的。代理人只能通过委托人告知她/他的荣誉奖励与相对排名推测其他代理人的能力高低与努力程度。在这个三人博弈的局面中，唯一的公共知识就是代理人的生产技术，即式（3—2）所决定的产出分布。

在基准模型中，我们仅考虑一期框架，具体的时序可以分为以下二步（见图 3—1），

第一步：委托人在确知代理人的能力信息之后，分别向两位代理人发出邀约，合约中明确了不同产出状况下的工资支付与荣誉奖励，并承诺在进行荣誉奖励时，通过公开的颁奖仪式、通告、私下知会的方式公布所有代理人的得奖情况。这一点在现实中常常被理解为惯例或习俗，委托人也将其视作一项隐性合约条款。

第二步：代理人选择是否签订合约。如果拒绝，则代理人获得

① 当然，也略有不同。在传统空谈博弈中，释放空谈信号的参与人往往具有不同的类型，然而在我们的故事中，释放信号的只是单一的委托人，不存在多种类型。但空谈博弈的本质在于信息的操纵，在这个意义上，本书的故事是空谈博弈的很好类似。

保留效用，博弈结束；若接受合约，则代理人基于自身的对于不确定状态空间的信念或猜测，选择自身的努力程度。

第三步：外部随机事件的发生和代理人的努力情形相结合，决定了各自的产出，而每个人的产出多少可以被委托人观测到，但代理人之间并不知晓对方的成果。委托人基于所签订合约的实现程度对不同的代理人进行不同的支付、授奖，博弈第一期结束。

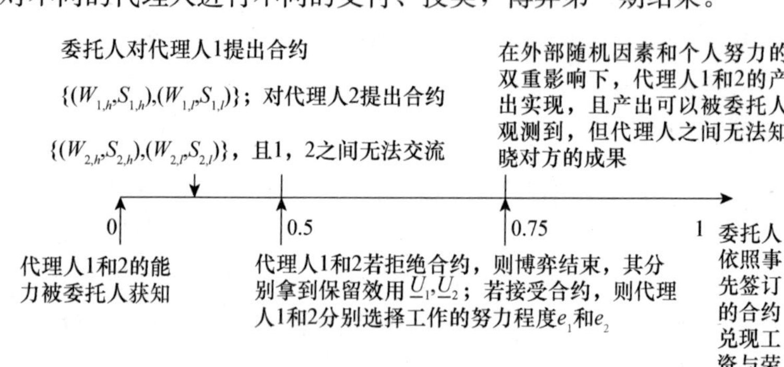

图 3—1　完全信息一期博弈时序图

从图 3—1 中我们可以看出，委托人利用其所掌握的完全信息以及她/他和代理人之间的信息不对称，可以轻易地对合约进行区分，即使在代理人的产出相同的情形下，也可以给予不同的代理人不同的荣誉奖励或工资支付。当然，这种不平等的合约并不一定会被委托人真正选择，这里只是说明存在委托人对代理人实施“歧视”合约的可能性。这种歧视合约处于委托人的选择集合之中，至于是否会被采用，则是由委托人的优化问题来决定。之所以被称为基准模型，一方面体现在信息结构上，委托人拥有完全信息从而可以制定出达到帕累托最优的可执行合约；另一方面体现在非重复的单期博弈的时序结构上，在这样的时序安排下，代理人无法更新自己的主观信念，从而博弈的结果依赖于代理人的外部信念设定。在后面的多期扩展模型中，代理人如何通

过前一期委托人告知的荣誉奖励状况推测他人（其他代理人）的能力、产出信息，更新信念结构将是更有趣的讨论，因为在多期的框架下，可以更好地观察委托人如何策略性地使用荣誉奖励这种无成本的激励方式，从而实现信息操纵的目的。在一期框架下，这种效应将很难体现。

3.3　均衡状态

3.3.1　求解步骤

在本节中，我们将讨论模型的均衡及与之相关的比较静态特征。首先，我们将阐述模型的构建与求解步骤。

作为委托代理框架下的静态模型，一般认为委托人提供给代理人合约的目的是为了激励代理人努力行动。实质上，更准确的说法应该是，委托人首先衡量为了激励代理人努力工作所付出的合约条件及其净收益，并将此净收益与代理人不努力工作时委托人的净收益做比对，从而得出委托人究竟应该如何选择。只是在一般情形下，我们都假设对于委托人来说，使得代理人努力工作总是一种更好的状态。然而在本书所讨论的模型中，这样的假设需要更认真地进行讨论。与传统委托代理模型不同，本书考虑多代理人、多结果、多维度支付的特殊环境，特别是在基准模型中，由于委托人可以对异质的代理人进行区分，因而委托人在考虑是否需要代理人努力工作时，将面临更多的组合。具体来说可以分为：

情形 1：委托人期望全部代理人都努力工作；

情形 2：委托人期望代理人 1 努力工作，代理人 2 不努力工作；

情形 3：委托人期望代理人 2 努力工作，代理人 1 不努力工作；

情形 4：委托人期望所有代理人都不努力工作。

在这四种情形下，将分别对应一种经过委托人特殊设计的最优合约，满足委托人的特别需求。然而最终，委托人将要充分考虑到这些情形，并在这四个特殊合约中寻求“最优”。在现实中，这些情形也是存在的。当不同代理人的产出可以“做和”（简单相加）又分别能被委托人所观测时，委托人的确可以基于总体考虑，对异质性的代理人区别对待。比如任何生产或服务的流程，都存在所谓的“短板”，某个“短板”的长期存在，很大程度上都可以归结为委托人在这个方面所提供的合约激励不足。那么为何委托人可以长久地视“短板”而不见，任由其存在并发展呢？在本书的框架下，可以解释为这种“短板”效应是委托人静态的最优，委托人在短期发现对整个流程中的所有代理人进行激励并非最优结果，因此选择性地“漠视”某些流程或环节。从代理人的角度来看，这就是所谓的“短板”，但实质上，站在一个一期委托人的立场来看，仍然具有效率意义，具体可以见后文的均衡分析。

由于外部随机因素的影响，委托人在评价效用高低时，只能以不确定条件下的期望效用为标准。委托人的“终极”目的只有一个，在“无知之幕”（veil of ignorance）[①] 的背后最大化期望效用函数。

① 值得注意的是，“无知之幕”这一概念的原始版本来自海萨尼（Harsanyi，1953，1957），然而却因约翰·罗尔斯（John Rawls）在《正义论》中的使用而广为流传（参见 Fleurbaey et al. “Justice，Political Liberalism，and Utilitarianism Themes from Harsanyi and Rawls，” 2007）。按照黄有光（Ng，1990）的说法，罗尔斯对“无知之幕”的使用是对海萨尼的一个误解。

按照委托代理理论的逻辑，委托人在作出这样的优化时，需要考虑代理人的参与约束（participation constraint，PC）和激励相容条件（incentive compatibility constraints，IC），以便使得代理人自愿成为委托人的缔约方，同时选择委托人期望其采取的行动。本书的基准模型同样如此，只不过委托人的支付更为复杂。

本节中基准模型的求解将遵照以下步骤：

第一，分别针对四种情形，刻画委托人的最优合约设计问题并求解其均衡合约；

第二，寻求在何种条件下，高能激励（high power incentive）能够成为委托人的最优选择；

第三，对最优解进行比较静态分析，讨论委托人的最优合约是如何随着外部因素而变化的，其中荣誉奖励和工资支付是如何变动的。

3.3.2　参与人的主观概率分布

由于我们在谈论的是不确定状态下的期望效用函数，参与人对于未来世界状态分布的看法——主观概率，在整个模型中意义重大。因此，我们有必要在本节明确这个问题。模型中设计三人两组的参与方，单一的委托人与两个异质的代理人；而未来状态最为关键的因素是代理人的产出，委托人的所得来自这些产出，而其对代理人的支付也高度依赖于产出，因此我们可以用 $\{(q_1, q_2)\}$ 来表征状态空间。则依据前文的假设，状态空间可以表示为：

$$\omega=\{(h,h),(h,l),(l,h),(l,l)\} \tag{3—5}$$

参与人的主观概率则是在 ω 上的一个概率分布。问题的复杂之处在于，这些概率分布取决于代理人的努力程度，而代理人如何自由地选择努力程度，又依赖于其期望效用函数，换句话说，依赖于其主观概率分布。在这个意义上讲，就存在一个均衡的概率与状态，在这个概率与状态之上，预期总可以自我实现。这也正是理性预期学派的要义所在。

我们先来讨论委托人的主观概率。按之前的讨论，我们知道，委托人面对异质性的两个代理人，对其代理人提出的努力程度的要求，理论上可以有四种情形，分别可以被设计不同的合约所实现。委托人在设计合约之初，就考虑到其合约的可实现性，因此，委托人所期望的不同代理人的努力状况成为了委托人的预期，直接决定了委托人对于未来状态的主观概率。依照此理念和已经成为公共知识的假设 3（假设 3 表明了概率分布与努力程度之间的关系，以及不同代理人产出之间的独立性），我们可以将委托人关于状态分布的主观概率用表 3—1 来表示。

表 3—1　　委托人的主观概率分布

ω_i	(h, h)	(h, l)	(l, h)	(l, l)
委托人所期望的努力状况	委托人的主观概率分布			
$(e_1=1, e_2=1)$	$\pi_1 \cdot \pi_1$	$\pi_1 \cdot (1-\pi_1)$	$(1-\pi_1) \cdot \pi_1$	$(1-\pi_1) \cdot (1-\pi_1)$
$(e_1=1, e_2=0)$	$\pi_1 \cdot \pi_0$	$\pi_1 \cdot (1-\pi_0)$	$(1-\pi_1) \cdot \pi_0$	$(1-\pi_1) \cdot (1-\pi_0)$
$(e_1=0, e_2=1)$	$\pi_0 \cdot \pi_1$	$\pi_0 \cdot (1-\pi_1)$	$(1-\pi_0) \cdot \pi_1$	$(1-\pi_0) \cdot (1-\pi_1)$
$(e_1=0, e_2=0)$	$\pi_0 \cdot \pi_0$	$\pi_0 \cdot (1-\pi_0)$	$(1-\pi_0) \cdot \pi_0$	$(1-\pi_0) \cdot (1-\pi_0)$

表 3—1 中的主观概率分布决定了委托人在四种不同期望下的期望效用函数，而这正是委托人进行最优合约设计与效用比较的基石。

关于代理人的主观概率分布，情形和委托人有所不同。我们需要回到代理人的效用假设来进行讨论。从 $U_i=(1-a_i)\cdot w_i\cdot s_i+a_i\cdot(s_i-s_j)-c_i(e_i)$ 来看，代理人除了自身的工资、努力、荣誉奖励之外，荣誉奖励为其带来的社会比较也可以直接为代理人产生

效用。然而，从图 3—1 所展示出的博弈时序结构我们得知，当代理人面对委托人所提供的合约进行自身优化计算时，对于其他代理人的荣誉奖励并不知晓，但是也并非一无所知。实际情形是，当代理人进行自身效用最大化时，其工资和荣誉奖励虽未兑现，但代理人却能依据委托人向其展示的合约进行假想。同样，当代理人进行荣誉奖励的社会比较时，代理人会假定自身所面对的合约条款一样适用于另一代理人[①]，因此当代理人考虑自身努力的最优选择时，同时需要对另一代理人的努力程度作出猜测，从而得到对其他代理人荣誉奖励的大致判断。举例来说，当代理人 1 选择努力水平 $e_1=1$ 时，将面对一个先验的信念：代理人 2 有多大的概率分别选择努力水平 $e_2=1$ 或 $e_2=0$？这个概率结合公共知识假设 3，直接决定了代理人 2 获得荣誉奖励 $s_{2,h}$ 或 $s_{2,l}$ 的概率，从而间接影响代理人 1 的荣誉比较。类似地，当代理人 1 选择努力水平 $e_1=0$ 时，这样的先验信念同样存在。依照这样的分析，究竟什么样的因素决定了代理人的这些先验信念呢？

为了回答这个问题，我们向心理学家寻求行为假设。实际上，这个话题也是近年来行为经济学的热点之一：过度自信或自信不足（overconfidence or underconfidence）。其中最著名的例子当属关于“优于常人”效应［better-than-average（BTA）effect］的讨论（Goethals et al.，1991；Taylor and Brown，1988）。研究者在大量问卷调查中发现：90％的司机都认为自己的技术表现高于平均水平，之后大量其他行业的研究同样验证了这一结论。然而，近年来出现的一些新证据却对之前的发现提出了质疑。很多高技术行业中

① 这里，我们暗含假设，代理人之间不能彼此交流。代理人没有任何信息来支持“另一代理人的合约条款与自己不同”这一论调，因而我们有理由相信，具有类比天性（analogical transfer）的人类，在这样的情境下自然可以作出“委托人一视同仁”的推测。

的参与人，例如计算机程序员、独轮车运动员，在问卷中常常系统性地表现为信心不足（Kruger，1999；Kruger and Burrus，2004）。为了解释这些迥异的经验证据，研究者们（Hoelzl and Rustichini，2005；Moore and Kim，2003；Windschitl，Kruger，and Simms，2003）提出了一种理论：当人们在从事简单的工作且当自己的表现较好时，倾向于认为个人表现高于平均水平，体现为过度自信；但当人们从事复杂的工作且自己表现较差时，倾向于认为个人表现低于平均水平，体现为信心不足。研究者（Camerer and Lovallo，1999；Kruger，1999）将其解释为自我中心的自利主义（egocentrism）：人们都重视自己的表现而有忽略他人成果的心理倾向。Moore 和 Cain 在 2007 年的工作[①]中为这些证据提出了一个贝叶斯主义的解释。Moore 和 Cain 认为，对于那些技术依赖型的任务，技术水平的高低往往决定了任务表现，而人们对于自己的技术水平的了解远远高于对于其他人的认知，因此对他人的估测也基本上依据自己的绝对表现。在这个逻辑下，可以解释在不同情景下互有出现的过度自信与信心不足的状况。这些心理学的成果表明了，在我们的模型中，代理人基于自身的努力程度而对其他代理人的表现所作出的概率推测很可能带有类似的行为偏好。基于这些稳健的心理学发现和我们的基本情景设定，对于异质性代理人如何根据自身努力状态推测他人行为的信念模式，我们作出以下假设。

假设 5：当代理人 1 的努力水平 $e_1=1$ 时，代理人 1 认为代理人 2 选择 $e_2=1$ 的概率为 p_1；当代理人 1 的努力水平 $e_1=0$ 时，代理人 1 认为代理人 2 选择 $e_2=1$ 的概率为 p_0。当代理人 2 的努力水

---

① See Moore，D. A. and Cain D. M. “Overconfidence and underconfidence：When and why people underestimate (and overestimate) the competition.” *Organizational Behavior and Human Decision Processes*，2007，103 (2)，197-213.

平 $e_2=1$ 时，代理人 2 认为代理人 1 选择 $e_1=1$ 的概率为 q_1；当代理人 2 的努力水平 $e_2=0$ 时，代理人 2 认为代理人 1 选择 $e_1=1$ 的概率为 q_0。

我们可以用表 3—2 和表 3—3 来分别表征代理人 1 与代理人 2 的认知偏差的概率分布（主观概率分布）。

表 3—2　　代理人 1 认知偏差的概率分布

	$e_2=1$	$e_2=0$
代理人 1 的努力状态	代理人 1 的主观概率分布	
$e_1=1$	p_1	$1-p_1$
$e_1=0$	p_0	$1-p_0$

表 3—3　　代理人 2 认知偏差的概率分布

	$e_1=1$	$e_1=0$
代理人 2 的努力状态	代理人 2 的主观概率分布	
$e_2=1$	q_1	$1-q_1$
$e_2=0$	q_0	$1-q_0$

从假设 5 我们可以知晓，在静态的基准模型里，我们将外生给定的概率分布当作代理人先验的主观概率分布。有趣的是，这个概率分布高度依赖于代理人自身的状态。本书虽然借鉴了 Moore 和 Cain 所提出的行为假设，但内涵更加广泛和一般。以下我们以代理人 1 为例说明。

当 $p_1<\frac{1}{2}$①时，意味着代理人 1 选择高努力程度时，更加自信，表现为过度自信，因为此时代理人 1 认为自己的表现好于代理

① 由于正文中明确了这些代数值均为概率大小，因此此处略去这些数值在 [0, 1] 区间的默认假设。

人 2 的可能性更大；当 $p_0>\frac{1}{2}$时，意味着代理人 1 选择低努力程度时，更加自卑，表现为信心不足，因为此时代理人 1 认为自己的表现能够和代理人 2 一样好的可能性更小。由于代理人是异质的，天生禀赋有差别，因此我们有必要设置两组不同的先验主观概率分布对代理人 1、2 分别进行刻画。更为有趣的是，我们还可以对不同代理人的信心程度和其内生禀赋差别进行比较分析。例如，由之前的假设 2，我们知道代理人 1 的边际努力成本更低，因此具有更高的能力禀赋。如果 $p_1<q_1$，则意味着，当两个代理人都努力时，禀赋更高的代理人更有可能认为自己的表现高于对方，反之亦然。总之，假设 5 在考虑代理人之间进行社会比较的心理过程当中，较多地考虑了自身状态对于外部信念的影响，为之后的讨论提供了一个一致但又内涵丰富的基础。关于代理人的主观概率分布，仍存在两个问题需要注意：

第一，在基准模型中，由于我们仅仅考虑一期模型，因此对于代理人的先验信念就通过假设 5 中的主观概率分布表直接外生给定。然而，当我们考虑多期扩展模型时，外生给定的先验信念假设就不再恰当，此时代理人会根据前一期的结果，通过贝叶斯规则更新自己的主观概率信念。而这正是我们模型所需要刻画的问题之一：研究公开的荣誉奖励如何通过社会比较影响代理人的认知，从而对代理人的行为产生作用，间接实现委托人的目标。

第二，前文已经论述，主观概率分布是对未来状态 $\omega=\{(h, h), (h, l), (l, h), (l, l)\}$ 的看法，然而在假设 5 中，我们给定的概率却是代理人对他人努力程度的看法。这一区别主要是因为：代理人最为关心的是来自委托人的支付，而按照合约条款，这些支付完全依赖于状态 ω，而状态 ω 的实现，与委托人的状况

完全不同，对于代理人来说，这一点是可以被部分控制的——在外部随机因素的影响已经成为公共知识之后，代理人自身的努力程度就决定了 ω 的概率分布。因此，在处理代理人的主观概率分布的问题上，我们采取了假设 5 的方式，从而与委托人的主观概率分布相区别。

3.3.3　情形 1（全部代理人都努力工作）下的最优合约设计

3.3.3.1　委托人的期望效用函数

依照 3.3.1 节所论述的步骤，在本节中我们首先讨论委托人期望两个代理人 1 和 2 都付出 $e_i=1$（$i=1$，2）时的均衡状态。我们需要求解出能够实现此目标的最优合约以及委托人在均衡状态下的期望收益。

首先，我们需要明确情形 1 中不同的参与人之间进行利益权衡的机制。先来考虑委托人。和标准的委托代理模型类似，委托人的终极目标就是期望效用的最大化。由于我们设定了风险中性的条件，因此期望效用退化为期望净收益。这里的净收益是指委托人考虑到激励代理人的成本之后的所得。基于此种认知和 3.3.2 节中委托人的主观概率分布表，我们可以得到委托人在情形 1 下的期望效用函数：

$$\begin{aligned}EV_1=&\pi_1^2(2\cdot h-w_{1,h}-w_{2,h})\\&+\pi_1\cdot(1-\pi_1)\cdot(h+l-w_{1,h}-w_{2,l})\\&+(1-\pi_1)\cdot\pi_1\cdot(l+h-w_{1,l}-w_{2,h})\\&+(1-\pi_1)^2\cdot(2\cdot l-w_{1,l}-w_{2,l})\end{aligned}\qquad(3—6)$$

式（3—6）中 EV_1 的角标代表了情形 1，后文亦类似。按照委托代理模型的做法，这个函数也就是委托人进行最优合约设计所需要最大化的目标函数。在后文我们将通过讨论代理人的行为，从而

明确这个最大化问题的约束集合。需要注意的是，在本书的论述中，委托人的激励手段有两种——工资与荣誉奖励，但成本却只有一个——工资支付，因此我们可以看到在式（3—6）中并没有出现荣誉奖励的显函数形式。① 按照平常的逻辑，委托人既然可以无成本地使用荣誉奖励，就应该尽量使用这一方式来达到最有效率的激励。然而由于在此处重点引入了荣誉奖励的社会比较功能，因此使得委托人在对某个代理人进行荣誉奖励的同时，必须考虑这种奖励对于其他代理人的外部性。这种外部性可正，可负：当代理人 A 得知自己获得的荣誉高于 B 时，此时，对代理人 B 的荣誉奖励对于代理人 A 来说具有正外部性；同样，若代理人 B 得知相同的信息，则对代理人 A 的荣誉奖励对于代理人 B 来说具有负外部性。正是由于外部性的存在，才在无形当中相当于给委托人使用荣誉奖励这一手段增加了约束。在数学结构上如何使得荣誉奖励影响到委托人的优化问题呢？这一步主要是通过代理人的行为约束来实现。委托人充分预料到了代理人的行为模式，通过直接控制荣誉奖励来影响参与人的努力程度，从而间接影响进入到期望效用函数中的产出状态。

3.3.3.2　代理人的信念及其期望效用函数

本书对于代理人的考虑和传统的委托代理模型一致，最为关键的步骤是找出其参与约束和激励相容条件。但在本书的模型中，由于加入了荣誉奖励的社会比较因素，所以在找寻这些条件之前，需要得出代理人对于他人状态的推断，因为代理人关于其他人的推断直接决定了其自身选择所带来的效用。观察代理人 1 的效用函数 $U_1=(1-a_1)\cdot w_1\cdot s_1+a_1\cdot(s_1-s_2)-c_1(e_1)$，我们发现，代理人

① 实际上，是以荣誉奖励作为影响产出状态的因素，以隐函数的形式进入期望效用函数式（3—6）中。

1 对他人状况的推测主要体现在进行决策之前代理人 1 对代理人 2 荣誉奖励 s_2 的猜测上，代理人 2 的情况类似，不再赘述。在 3.3.2 节关于代理人的主观概率分布的讨论中，我们假设，在事前，代理人 1 只根据自身的选择状况推断代理人 2 的努力选择。在这样的设定下，我们知道代理人 1 对于代理人 2 的推断也存在两种不同情形。我们需要完成的是：将代理人 1 对于他人努力状态的推断转化为对其荣誉奖励的猜测并且讨论这种猜测是如何进入代理人 1 的效用函数的。

在 3.3.2 节的讨论中，我们知道，由于代理人“默认”自己所获知的合约条款同样适用于其他所有人，因此，代理人 1 根据对他人努力状态的推断以及对随机生产函数的认知，就可以计算出代理人 2 获得荣誉奖励的概率。具体如下：

当代理人 1 的努力状态 $e_1=1$ 时，她/他认为代理人 2 付出努力的概率为 p_1。然而根据随机生成函数的规律，即使代理人 2 的努力状态 $e_2=1$，仍然有产出为 l 的概率。这一点作为公共知识，也会被代理人 1 考虑。综上利用乘法原理得出：此时代理人 2 获得高产出所对应的荣誉奖励 $s_{2,h}$ 的概率为 $p_1 \cdot \pi_1$，相反，获得 $s_{2,l}$ 的概率为 $p_1 \cdot (1-\pi_1)$；自然地，当代理人 1 认为代理人 2 不努力的概率为 $(1-p_1)$ 时，值得注意的是，此时在代理人 1 的计算中，无论真实的状态如何（代理人 2 是否真的不努力），代理人 1 都会用 π_0 作为外部随机冲击的概率影响。此时，代理人 2 获得高产出所对应的荣誉奖励 $s_{2,h}$ 的概率为 $(1-p_1) \cdot \pi_0$，获得 $s_{2,l}$ 的概率为 $(1-p_1) \cdot (1-\pi_0)$。当代理人 1 不努力时，根据代理人 1 的主观概率分布，只需要将 p_1 替换为 p_0 即可。此处不再赘述，我们用表 3—4 来整理、描述上述情况。

表 3—4　　代理人 1 对代理人 2 的荣誉奖励的猜测

代理人 1 的努力状态	$s_{2,h}$		$s_{2,l}$	
$e_1=1$	$e_2=1$	$p_1 \cdot \pi_1$	$e_2=1$	$p_1 \cdot (1-\pi_1)$
	$e_2=0$	$(1-p_1) \cdot \pi_0$	$e_2=0$	$(1-p_1) \cdot (1-\pi_0)$
$e_1=0$	$e_2=1$	$p_0 \cdot \pi_1$	$e_2=1$	$p_0 \cdot (1-\pi_1)$
	$e_2=0$	$(1-p_0) \cdot \pi_0$	$e_2=0$	$(1-p_0) \cdot (1-\pi_0)$

至于代理人 2 对于代理 1 荣誉奖励的猜测，具体分析过程不再赘述，只需要按照代理人 2 的主观概率表 3—3 将表 3—4 中的 p_1 和 p_0 相应调整为 q_1 和 q_0 即可，具体可以见表 3—5。

表 3—5　　代理人 2 对代理人 1 的荣誉奖励的猜测

代理人 2 的努力状态	$s_{1,h}$		$s_{1,l}$	
$e_2=1$	$e_1=1$	$q_1 \cdot \pi_1$	$e_1=1$	$q_1 \cdot (1-\pi_1)$
	$e_1=0$	$(1-q_1) \cdot \pi_0$	$e_1=0$	$(1-q_1) \cdot (1-\pi_0)$
$e_2=0$	$e_1=1$	$q_0 \cdot \pi_1$	$e_1=1$	$q_0 \cdot (1-\pi_1)$
	$e_1=0$	$(1-q_0) \cdot \pi_0$	$e_1=0$	$(1-q_0) \cdot (1-\pi_0)$

通过表 3—4、表 3—5 我们知道了代理人在作出决策之前，是如何对他人的荣誉奖励进行猜测的。然而，代理人所做的不仅仅是猜测，而是在其“内心深处”进行荣誉奖励的社会比较。更具体地说，代理人 1 需要在不确定性状态中衡量自己所能获得的荣誉与他人之间的差距。在期望效用函数的标准下，我们同样采取期望的形式，将这些猜测转化为代理人在某种努力程度下对于他人荣誉奖励的评价。具体来说，我们将有以下四个表达：

$$E_1(s_2 \mid e_1=1)=p_1 \cdot (\pi_1 \cdot s_{2,h}+(1-\pi_1) \cdot s_{2,l}) \\ +(1-p_1) \cdot (\pi_0 \cdot s_{2,h}+(1-\pi_0) \cdot s_{2,l}) \tag{3—7}$$

$$E_1(s_2 \mid e_1=0)=p_0 \cdot (\pi_1 \cdot s_{2,h}+(1-\pi_1) \cdot s_{2,l}) \\ +(1-p_0) \cdot (\pi_0 \cdot s_{2,h}+(1-\pi_0) \cdot s_{2,l}) \tag{3—8}$$

$$E_2(s_1 \mid e_2=1)=q_1 \cdot (\pi_1 \cdot s_{2,h}+(1-\pi_1) \cdot s_{2,l}) \\ +(1-q_1) \cdot (\pi_0 \cdot s_{2,h}+(1-\pi_0) \cdot s_{2,l}) \tag{3—9}$$

$$E_2(s_1 \mid e_2=0)=q_0 \cdot (\pi_1 \cdot s_{2,h}+(1-\pi_1) \cdot s_{2,l}) \\ +(1-q_0) \cdot (\pi_0 \cdot s_{2,h}+(1-\pi_0) \cdot s_{2,l}) \tag{3—10}$$

这些表达明确了代理人在不同努力程度选择下对于他人的荣誉奖励的看法，从而为参与人在作出决策之前进行社会比较提供了依据。据此我们才可以进一步得出代理人的期望效用函数。

实际上，我们下一步所得出的是代理人的条件期望效用，也即代理人在作出某种选择之后所能得到的期望效用。在本书的假设中，由于代理人只有两个选择，我们可以作出如下定义：

$$EU_{1,e_1=1}=E\{U_1 \mid e_1=1, E_1(s_2 \mid e_1=1)\} \tag{3—11}$$

$$EU_{1,e_1=0}=E\{U_1 \mid e_1=0, E_1(s_2 \mid e_1=0)\} \tag{3—12}$$

$$EU_{2,e_2=1}=E\{U_2 \mid e_2=1, E_2(s_1 \mid e_2=1)\} \tag{3—13}$$

$$EU_{2,e_2=0}=E\{U_2 \mid e_2=0, E_2(s_1 \mid e_2=0)\} \tag{3—14}$$

据此讨论不同选择下代理人期望效用的多少，从而找出在其面对委托人所提出的合约时，她/他的最优反应函数。

我们首先需要计算出式（3.11）至式（3.14）的具体形式。根据随机生产函数的设定，我们可以分步求解：

$$EU_{1,e_1=1}=E\{U_1 \mid e_1=1, E_1(s_2 \mid e_1=1)\} \\ =E\{(1-a_1) \cdot w_1 \cdot s_1+a_1 \cdot (s_1-E_1(s_2 \mid e_1=1)-c_1)\} \\ =\pi_1 \cdot \{(1-a_1) \cdot w_{1,h} \cdot s_{1,h}+a_1 \cdot (s_{1,h}-E_1(s_2 \mid e_1=1)$$

$$-c_1)\}+(1-\pi_1)\cdot\{(1-a_1)\cdot w_{1,l}\cdot s_{1,l}+a_1\cdot(s_{1,l}-E_1(s_2|e_1=1)-c_1)\} \quad (3—15)$$

注意代理人 1 的效用函数中关于代理人 2 荣誉奖励的部分，已经被代理人 1 的主观信念——对代理人 2 荣誉奖励的期望所替代。将式（3—7）代入上式可得：

$$\begin{aligned}EU_{1,e_1=1}=\pi_1\cdot\{&(1-a_1)\cdot w_{1,h}\cdot s_{1,h}\\&+a_1\cdot(s_{1,h}-[p_1\cdot(\pi_1\cdot s_{2,h}+(1-\pi_1)\cdot s_{2,l})\\&+(1-p_1)\cdot(\pi_0\cdot s_{2,h}+(1-\pi_0)\cdot s_{2,l})]-c_1)\}\\&+(1-\pi_1)\cdot\{(1-a_1)\cdot w_{1,l}\cdot s_{1,l}\\&+a_1\cdot(s_{1,l}-[p_1\cdot(\pi_1\cdot s_{2,h}+(1-\pi_1)\cdot s_{2,l})\\&+(1-p_1)\cdot(\pi_0\cdot s_{2,h}+(1-\pi_0)\cdot s_{2,l})]-c_1)\}\end{aligned} \quad (3—16)$$ ①

类似地，我们可以得到：

$$\begin{aligned}EU_{1,e_1=0}&=\pi_0\cdot\{(1-a_1)\cdot w_{1,h}\cdot s_{1,h}+a_1\cdot(s_{1,h}-E_1(s_2|e_1=0)\}\\&\quad+(1-\pi_0)\cdot\{(1-a_1)\cdot w_{1,l}\cdot s_{1,l}\\&\quad+a_1\cdot(s_{1,l}-E_1(s_2|e_1=0)\}\\&=\pi_0\cdot\{(1-a_1)\cdot w_{1,h}\cdot s_{1,h}\\&\quad+a_1\cdot(s_{1,h}-[p_0\cdot(\pi_1\cdot s_{2,h}+(1-\pi_1)\cdot s_{2,l})\\&\quad+(1-p_0)\cdot(\pi_0\cdot s_{2,h}+(1-\pi_0)\cdot s_{2,l})])\}\\&\quad+(1-\pi_0)\cdot\{(1-a_1)\cdot w_{1,l}\cdot s_{1,l}\\&\quad+a_1\cdot(s_{1,l}-[p_0\cdot(\pi_1\cdot s_{2,h}+(1-\pi_1)\cdot s_{2,l})\\&\quad+(1-p_0)\cdot(\pi_0\cdot s_{2,h}+(1-\pi_0)\cdot s_{2,l})])\}\end{aligned} \quad (3—17)$$

① 由于分解并不能出现更“优美”的数学结构，因此，此处保持原始结构。依照 Martin Shubik 的说法，我们不必为经济学中并不优雅的数学感到担忧，因为优雅的数学不都是好的应用数学，但在经济学中采用的数学却一定都是好的应用数学。

同样考虑代理人2的情形，具体推演步骤与代理人1类似，得出以下表达：

$$\begin{aligned}EU_{2,e_2=1}=\pi_1\cdot\{&(1-a_2)\cdot w_{2,h}\cdot s_{2,h}\\&+a_2\cdot(s_{2,h}-[q_1\cdot(\pi_1\cdot s_{1,h}+(1-\pi_1)\cdot s_{1,l})\\&+(1-q_1)\cdot(\pi_0\cdot s_{1,h}+(1-\pi_0)\cdot s_{1,l})]-c_2)\}\\&+(1-\pi_1)\cdot\{(1-a_2)\cdot w_{2,l}\cdot s_{2,l}\\&+a_2\cdot(s_{2,l}-[q_1\cdot(\pi_1\cdot s_{1,h}+(1-\pi_1)\cdot s_{1,l})\\&+(1-q_1)\cdot(\pi_0\cdot s_{1,h}+(1-\pi_0)\cdot s_{1,l})]-c_2)\}\end{aligned} \tag{3—18}$$

$$\begin{aligned}EU_{1,e_1=0}=\pi_0\cdot\{&(1-a_2)\cdot w_{2,h}\cdot s_{2,h}\\&+a_2\cdot(s_{2,h}-[q_0\cdot(\pi_1\cdot s_{1,h}+(1-\pi_1)\cdot s_{1,l})\\&+(1-q_0)\cdot(\pi_0\cdot s_{1,h}+(1-\pi_0)\cdot s_{1,l})])\}\\&+(1-\pi_0)\cdot\{(1-a_2)\cdot w_{2,l}\cdot s_{2,l}\\&+a_2\cdot(s_{2,l}-[q_0\cdot(\pi_1\cdot s_{1,h}+(1-\pi_1)\cdot s_{1,l})\\&+(1-q_0)\cdot(\pi_0\cdot s_{1,h}+(1-\pi_0)\cdot s_{1,l})])\}\end{aligned} \tag{3.19}$$

在不确定的世界中，式（3.16）至式（3.19）就是我们讨论代理人行为约束及其最优选择的根本依据。这些表达在其他三种情形下同样适用。

3.3.3.3　代理人的参与约束与激励相容条件

有了代理人的条件期望效用，我们就可以讨论代理人在各种情形下的参与约束（IR）与激励相容条件（IC）。

首先我们将讨论代理人的参与约束。按照定义，参与约束描述了代理人在何种条件下才会选择与委托人签订合约。这一条件是由代理人外部选择所对应的效用值 $\underline{U}_i$（$i=1$，2）所刻画的。只要代理人在合约关系中所能获得的效用大于或等于外部选择的效用值

$\underline{U}_i$，我们就认为代理人满足参与约束，自愿与委托人签订合约，进入到该博弈场景中来。实质上，在一般情况下，代理人的参与约束条件等价于思考这样的问题：为了达到委托人所期待的目标，我的努力是否值得？这些努力在他处是否可以带来更大的收益？在传统委托代理模型中，一般都假设代理人外部选择的效用值为0，即$\underline{U}_i=0$。然而在本书的模型中，由于代理人所得到的效用除了来自委托人的工资支付之外，还来自无物质成本的荣誉奖励，因此，如果仅仅沿用传统假设，可能会出现负的工资支付①，这与我们正常的经济直觉迥异。因此，在我们的模型中，除了加入外部选择效用值$\underline{U}_i=0$之外，还要引入工资支付非负的假设，以便排除代理人为了获得更高的荣誉奖励而向委托人进行反向支付的“行贿”② 情形。综上所述，在本书的模型中，我们还需要对代理人的外部选择和工资支付作出以下假设，以便刻画代理人的参与约束。

假设6：委托人向代理人的工资支付为非负的，且代理人的外部选择所带来的效用值为0，即：

$$w_{i,q}\geqslant 0,i=1,2;q=l,h \tag{3—20}$$

① 出现这种现象，原因在于：代理人若极端重视荣誉奖励的社会比较，委托人就可以将荣誉奖励的个体差距拉大，从而使得该代理人甚至愿意花钱“行贿”委托人，以赢得更高的荣誉。这种“虚名”尽管带给代理人负的支付，但是仍然可以使其满足参与约束。在我们的模型中，暂时排除这类代理人向委托人“行贿”的负向支付的情形。

② 行贿一般用于不正当利益的获得，并且这种关系侵害了第三方。而在这里，如果只涉及一个委托人和一个代理人，则代理人对于委托人的反向支付，不能简单地套用“行贿”的概念，因为此时合约表现为双方自由意愿的实施且这种自由意愿不存在外部性。然而，若考虑到一个委托人和两个代理人的情形，而且其中某个代理人愿意用财富来换取具有社会比较功能的荣誉奖励，则此时虽然委托人对此代理人的支付同样是按照合约进行的，却存在着委托人与此代理人合谋“侵害”第三方的嫌疑。因此，我们借用了“行贿”这个表述。实质上，在本书中，“行贿”这个词语与“代理人对于委托人的反向支付”可以通用，并不含有任何道德判断。

$$\underline{U}_i=0,i=1,2^{①} \tag{3—21}$$

并且我们要求当合约中的效用值和外部选择 $\underline{U}_i$ 相等时，代理人选择接受该合约。

在这样的假设下，我们得到代理人 1 和 2 的两组参与约束条件：

$$EU_{1,e_1=1}\geqslant\underline{U}_1=0,w_{1,q}\geqslant0,q=l,h \tag{3—22}$$

$$EU_{2,e_2=1}\geqslant\underline{U}_2=0,w_{2,q}\geqslant0,q=l,h \tag{3—23}$$

我们以式（3—22）说明之。代理人 1 在决定是否进入与委托人的合同关系之前，都需要全面地衡量从该合约关系中所得到的收益。代理人在这份合约中规定的全部行动只有两种，因此在这两种不同行动下的收益都必须高于代理人接受合约的机会成本（opportunity cost）——由于进入到合约之中而放弃的外部收益 $\underline{U}_1$。机会成本的概念已经考虑到因为某项行动而放弃的全部潜在收益中最高的效用值，因此在标准的委托代理模型中，这个约束必定是对合约关系中的所有合约权益起作用。[②] 除此之外，我们还加入了工资支付为非负的条件，以防止代理人向委托人“行贿”的发生。当然，在我们的模型中，委托人给予代理人的工资可以为 0，此时若代理人依旧参与合约，表明其完全是为了荣誉奖励所带来的社会比较而努力工作，这种情形我们将在后文中讨论其可能性。

接下来，我们将讨论代理人的激励相容条件。按其定义，激励

① 实际上，$\underline{U}_i>0$（$i=1$，2）的情形并不会影响结论，因为作为外部选择的效用值是外生给定的一个常数。我们知道对于效用函数的任意单调正变换不会影响优化的结果，而改变外部选择效用值的大小，相当于是对效用函数增减一个常数，因此完全不会影响优化的结果，这样的假设只是为了使表达更简洁。

② 在传统的委托代理模型中，常常看到参与约束只对合约给予代理人的最低支付起作用，原因在于委托人所设计的合约能够使得激励相容条件发生作用，并且据此简化了参与约束。

相容条件表明，当代理人处在与委托人的合约关系之中时，自愿选择那些被委托人所期待的行为。代理人之所以这样选择，完全是出于对不同行为下合约所赋予的效用大小进行的比较。由此可以看出，激励相容条件和委托人的要求有直接关系。在情形 1 中，委托人期待全部代理人都努力工作，即（$e_1=1$，$e_2=1$），因此我们可以得到代理人 1 和 2 的以下两组激励相容条件：

$$EU_{1,e_1=1} \geqslant EU_{1,e_1=0} \tag{3—24}$$

$$EU_{2,e_2=1} \geqslant EU_{2,e_2=0} \tag{3—25}$$

同样，在此处我们暗含假设——当两种行为带给代理人的效用相等时，代理人选择被委托人所期待的行为。对于这两组条件，究其定义，其经济含义显然，此处不再赘述。

3.3.3.4　委托人的优化问题

之前我们已经讨论过，委托人的整个逻辑是基于子博弈完美纳什均衡（SPNE）的理念。尽管在现实时间上，是委托人先提出合约，代理人看到合约之后再做选择，然而事实上，委托人在提出合约之前，已经考量过在各种不同的合约条款下代理人的最优选择。基于这种逆向推理，我们来考虑委托人的最优合约设计问题。

在 3.3.3.1 节中，我们已经得知委托人进行合约设计的目标函数就是其期望函数，并且通过委托人的主观概率分布表我们得出了情形 1 中的函数式（3—6），结合代理人的参与约束与激励相容条件，我们就得到了命题 3.1。

命题 3.1： 在委托人希望两个异质性代理人都努力的情形 1 中，委托人的最优合约设计问题实际上就是以下极值问题的解：

$$\begin{aligned}&\max_{\{(w_{i,q},s_{i,q}),i=1,2;q=l,h\}} EV_1\\ =&\pi_1^2(2\cdot h-w_{1,h}-w_{2,h})+\pi_1\cdot(1-\pi_1)\cdot(h+l-w_{1,h}-w_{2,l})\\ &+(1-\pi_1)\cdot\pi_1\cdot(l+h-w_{1,l}-w_{2,h})\end{aligned}$$

$$
\begin{aligned}
&+(1-\pi_1)^2\cdot(2\cdot l-w_{1,l}-w_{2,l})\\
&s.t.\\
&EU_{1,e_1=1}\geqslant 0;EU_{2,e_2=1}\geqslant 0;\\
&w_{1,h}\geqslant 0;w_{1,l}\geqslant 0;w_{2,h}\geqslant 0;w_{2,l}\geqslant 0\\
&EU_{1,e_1=1}\geqslant EU_{1,e_1=0}\\
&EU_{2,e_2=1}\geqslant EU_{2,e_2=0}
\end{aligned}
\tag{3—26}
$$

证明：式（3—26）描述了一个带有约束的最大值问题，其中，委托人的控制变量就是合约的关键要素，即依赖异质性代理人产出水平的工资支付与荣誉奖励，约束集由代理人 1 和 2 的参与约束和激励相容条件构成。这个优化问题表明了，委托人的行为有以下几个特点：

第一，委托人所能够直接操控的变量只有合约条款。

第二，委托人所有目标的大前提是让两个代理人都付出努力，即情形 1 的实现。在此基础下，委托人的第二目标才是期望收益最大化。①因此，在其制定合约时首先必须考虑到代理人的参与约束和激励相容条件，这些约束将委托人所能选择的合约限制在了一个比法律允许的合约条款范围更小的真子集中。这个集合的边界自然应该由情形 1 中代理人 1 和 2 的参与约束及激动相容条件来刻画。

第三，委托人在情形 1 的大前提下，寻找的是使其期望收益最大化的合约条款。

综上所述，问题（3—26）描述了委托人在情形 1 实现的大前提下进行最优合约设计的过程，因此命题 3.1 得证。■

通过命题 3.1，我们就可将求解均衡合约的问题具体化为一个

① 这里所说的第二目标，只是为了便于分析讨论，实质上，委托人的唯一目标就是期望收益最大化。而在此处，正如 3.3.1 节论及的那样，我们对问题进行了分解。首先讨论在 4 种情形下的委托人最优，之后再对 4 种最优情形进行比较，因此，在每种情形下，我们都将委托人的收益最大化当作“第二目标”。

带约束的多元优化问题。这个优化问题的解，就是在情形1实现的前提下，委托人所能够得到的最优合约。解决这个问题，自然需要用到库恩-塔克条件（Kuhn-Tucker conditions）。

我们处理问题（3—26）的基本思路是，为了求解上的便利，我们需要尽量简化约束。因此我们打算先“去掉”工资的非负限制，在一个更大的约束集合中求解优化问题，然后针对所求出的最优工资，讨论其满足非负限制的参数条件。具体来说，我们可以由以下表达刻画之。

我们将优化问题（3—26）的约束集合记为：D_1，即（$w_{i,q}$，$s_{i,q}$）$\in D_1$（$i=1$，2）；$q=h$，l。定义另一集合如下：

$$D_2=\{(w_{i,q},s_{i,q})\mid EU_{1,e_1=0}\geqslant 0;EU_{2,e_2=0}\geqslant 0 \\ EU_{1,e_1=1}\geqslant EU_{1,e_1=0};EU_{2,e_2=1}\geqslant EU_{2,e_2=0}\} \qquad (3—27)$$

显然，我们可得：$D_1\subseteq D_2$。因此，我们将首先在 D_2 的约束下求解极值问题，之后再来讨论何种条件才可以使得这两个问题等价，即如何使得在 D_2 约束下的最优解被包含在 D_1 中。这两个步骤我们可表示为：

第一步，求解 $P2=\begin{cases}\max_{\{(w_{i,q},s_{i,q}),i=1,2;q=l,h\}} EV_1\\ s.t.:(w_{i,q},\ s_{i,q})\in D_2\end{cases}$；

第二步，寻找外生参数满足何种条件使得 $P2$ 问题的解一定也是 $P1$ 的解[①]，即：

$$P2=\begin{cases}\max_{\{(w_{i,q},s_{i,q}),i=1,2;q=l,h\}} EV_1\\ s.t.\ (w_{i,q},s_{i,q})\in D_2\end{cases}\xrightarrow{P3=\{f_n(a_i,\pi_0,\pi_1,h,l,c_i)=0\}}$$

① 实际上，我们需要寻找一组参数使 $P2$ 的解也能成为 $P1$ 的解，或在参数集中探索 $P1$ 与 $P2$ 等价的充分条件。

$$P1=\left\{\begin{array}{c}\max_{\{(w_{i,q},s_{i,q}),i=1,2;q=l,h\}}EV_1\\ s.t.\ (w_{i,q},s_{i,q})\in D_1\end{array}\right\}$$

第一步，我们需要求解 $P2$。首先建立以下拉格朗日函数（Lagrangian function）：

$$\begin{aligned}&L(w_{1,h},w_{1,l},w_{2,h},w_{2,l},s_{1,h},s_{1,l},s_{2,h},s_{2,l},\lambda_1,\lambda_2,\lambda_3,\lambda_4)\\=&EV_1-\lambda_1\cdot(EU_{1,e_1=0}-EU_{1,e_1=1})\\&-\lambda_2\cdot(EU_{2,e_2=0}-EU_{2,e_2=1})\\&-\lambda_3\cdot(-EU_{1,e_1=0})-\lambda_4\cdot(-EU_{2,e_2=0})\end{aligned}$$

为了在 D_2 集合中最大化式（3—27），根据库恩-塔克定理（Kuhn- Tucker theorem），我们可以写出这一最优解的必要条件：

$$\begin{aligned}&(1)\frac{\partial L}{\partial w_{1,h}}=0;(2)\frac{\partial L}{\partial w_{1,l}}=0;(3)\frac{\partial L}{\partial w_{2,h}}=0;(4)\frac{\partial L}{\partial w_{2,l}}=0;\\&(5)\frac{\partial L}{\partial s_{1,h}}=0;(6)\frac{\partial L}{\partial s_{1,l}}=0;(7)\frac{\partial L}{\partial s_{2,h}}=0;(8)\frac{\partial L}{\partial s_{2,l}}=0;\\&(9)\lambda_1\cdot(EU_{1,e_1=0}-EU_{1,e_1=1})=0;\\&(10)\lambda_2\cdot(EU_{2,e_2=0}-EU_{2,e_2=1})=0;\\&(11)\lambda_3\cdot(-EU_{1,e_1=0})=0;(12)\lambda_4\cdot(-EU_{2,e_2=0})=0;\\&(13)\lambda_1\geqslant0;(14)\lambda_2\geqslant0;(15)\lambda_3\geqslant0;(16)\lambda_4\geqslant0;\\&(17)EU_{1,e_1=1}\geqslant EU_{1,e_1=0};(18)EU_{2,e_2=1}\geqslant EU_{2,e_2=0};\\&(19)EU_{1,e_1=0}\geqslant0;(20)EU_{2,e_2=0}\geqslant0\end{aligned}\qquad(3—28)$$

从理论上讲，上述 20 个表达式所混合构成的不等式组（3—28）刻画了我们所求极值的必要条件，因此在下一步，我们把委托人、代理人不同状态下的期望效用函数代入不等式组（3—28），求解该不等式组就成为求解情形 1 下委托人最优合约问题的关键。

遗憾的是，针对这样一个由库恩-塔克条件所推导的不等式组（3—28），目前并没有一个通用的计算机程序用以求解，因此，我们需要采用试错法（trial and error），不断考虑各种边界条件并将其代入不等式组中，寻找可能出现的悖论。在对本问题的处理过程中，我们重点在于讨论 4 个拉格朗日乘子 λ_1，λ_2，λ_3，λ_4 是否为 0，以及是否存在最优的内点解。此过程繁复而冗余，在正文中，仅仅试举一例说明试错的思路与步骤，具体程序不再列出。

例如，若将 $\lambda_1=0$，$\lambda_2=0$，$\lambda_3=0$ 代入不等式组（3—28）中的式（1），可以得到：$\pi_1=0$，代入式（2），却又得到 $\pi_1=1$，自相矛盾的结果说明 $\lambda_1=0$，$\lambda_2=0$，$\lambda_3=0$ 不可能是不等式组（3—28）的解。依照上述烦琐的运算探索，尝试过 15 种可能的组合之后[①]，我们最终得到当 $\lambda_3=0$ 且 $\lambda_4=0$ 时，一阶条件（1）至（8）和互补松弛条件（9）、（10）共同构成的方程组存在唯一的一组内点解，且这组解满足式（13）至式（20）的不等式约束，因此不等式组（3—28）的解就可以由式（1）至式（10）这个方程组的解来等价刻画，成为此库恩-塔克优化问题的解。[②] 通过代入和整理，我们得到以下方程组[③]：

$$\lambda_1 \cdot \pi_1 \cdot s_{1,h} - \lambda_1 \cdot \pi_0 \cdot s_{1,h} - \lambda_1 \cdot \pi_1 \cdot a_1 \cdot s_{1,h} + \lambda_1 \cdot \pi_0 \cdot a_1 \cdot s_{1,h} - \pi_1 = 0 \tag{3—29—1}$$

$$-1 + \lambda_1 \cdot \pi_0 \cdot s_{1,l} - \lambda_1 \cdot \pi_1 \cdot s_{1,l} + \lambda_1 \cdot \pi_1 \cdot a_1 \cdot s_{1,l} - \lambda_1 \cdot \pi_0 \cdot a_1 \cdot s_{1,l} + \pi_1 = 0 \tag{3—29—2}$$

$$-\lambda_2 \cdot \pi_0 \cdot s_{2,h} + \lambda_2 \cdot \pi_1 \cdot s_{2,h} - \lambda_2 \cdot \pi_1 \cdot a_2 \cdot s_{2,h} + \lambda_2 \cdot \pi_0 \cdot a_2 \cdot s_{2,h} - \pi_1 = 0 \tag{3—29—3}$$

---

① 这些乘子是否为 0 的全部组合共有 $C_4^4+C_4^3+C_4^2+C_4^1=15$ 种，具体计算使用计算机程序 Maple。

② 实质上是解的必要条件，至于充分性，我们采取代入验证的方法，可以证明其显然。

③ 因为情形 1 的求解过程具有典型意义，其他三种情形也按此方法处理，因此，在此处详细列出了方程组的具体形式，但在后文中，为了减少冗余，便不再赘述求解过程，而是直接给出解析解。

$$-1+\lambda_2\cdot\pi_0\cdot s_{2,l}-\lambda_2\cdot\pi_1\cdot s_{2,l}+\lambda_2\cdot\pi_1\cdot a_2\cdot s_{2,l}-\lambda_2\cdot\pi_0\cdot a_2\cdot s_{2,l}+\pi_1=0 \quad (3\text{—}29\text{—}4)$$

$$-\lambda_1\cdot\pi_0\cdot w_{1,h}-\lambda_1\cdot\pi_0\cdot a_1+\lambda_1\cdot\pi_1\cdot a_1+\lambda_1\cdot\pi_1\cdot w_{1,h}-\lambda_1\cdot\pi_1\cdot w_{1,h}\cdot a_1+\lambda_1\cdot\pi_0\cdot w_{1,h}\cdot a_1+\lambda_2\cdot a_2\cdot q_1\cdot\pi_0-\lambda_2\cdot a_2\cdot q_0\cdot\pi_0-\lambda_2\cdot a_2\cdot q_1\cdot\pi_1+\lambda_2\cdot a_2\cdot q_0\cdot\pi_1=0 \quad (3\text{—}29\text{—}5)$$

$$\lambda_1\cdot\pi_0\cdot a_1+\lambda_1\cdot\pi_0\cdot w_{1,l}-\lambda_1\cdot\pi_1\cdot w_{1,l}-\lambda_1\cdot\pi_1\cdot a_1+\lambda_1\cdot\pi_1\cdot w_{1,l}\cdot a_1-\lambda_1\cdot\pi_0\cdot w_{1,l}\cdot a_1+\lambda_2\cdot a_2\cdot q_1\cdot\pi_1-\lambda_2\cdot a_2\cdot q_1\cdot\pi_0-\lambda_2\cdot a_2\cdot q_0\cdot\pi_1+\lambda_2\cdot a_2\cdot q_0\cdot\pi_0=0 \quad (3\text{—}29\text{—}6)$$

$$-\lambda_2\cdot\pi_0\cdot a_2-\lambda_2\cdot\pi_0\cdot w_{2,h}+\lambda_2\cdot\pi_1\cdot w_{2,h}+\lambda_2\cdot\pi_1\cdot a_2+\lambda_1\cdot a_1\cdot p_0\cdot\pi_1-\lambda_1\cdot a_1\cdot p_0\cdot\pi_0-\lambda_1\cdot a_1\cdot p_1\cdot\pi_1+\lambda_1\cdot a_1\cdot p_1\cdot\pi_0-\lambda_2\cdot\pi_1\cdot w_{2,h}\cdot a_2+\lambda_2\cdot\pi_0\cdot w_{2,h}\cdot a_2=0 \quad (3\text{—}29\text{—}7)$$

$$\lambda_2\cdot\pi_0\cdot w_{2,l}+\lambda_2\cdot\pi_0\cdot a_2-\lambda_2\cdot\pi_1\cdot w_{2,l}-\lambda_2\cdot\pi_1\cdot a_2-\lambda_1\cdot a_1\cdot p_0\cdot\pi_1+\lambda_1\cdot a_1\cdot p_0\cdot\pi_0+\lambda_1\cdot a_1\cdot p_1\cdot\pi_1-\lambda_1\cdot a_1\cdot p_1\cdot\pi_0+\lambda_2\cdot\pi_1\cdot w_{2,l}\cdot a_2-\lambda_2\cdot\pi_0\cdot w_{2,l}\cdot a_2=0 \quad (3\text{—}29\text{—}8)$$

$$-a_1\cdot p_1\cdot\pi_1\cdot s_{2,h}+a_1\cdot p_1\cdot s_{2,l}\cdot\pi_1+a_1\cdot p_1\cdot\pi_0\cdot s_{2,h}-a_1\cdot p_1\cdot s_{2,l}\cdot\pi_0+a_1\cdot p_0\cdot\pi_1\cdot s_{2,h}-a_1\cdot p_0\cdot s_{2,l}\cdot\pi_1-a_1\cdot p_0\cdot\pi_0\cdot s_{2,h}+a_1\cdot p_0\cdot s_{2,l}\cdot\pi_0-\pi_0\cdot w_{1,l}\cdot s_{1,l}\cdot a_1+\pi_0\cdot w_{1,h}\cdot s_{1,h}\cdot a_1-\pi_1\cdot w_{1,h}\cdot s_{1,h}\cdot a_1+\pi_1\cdot w_{1,l}\cdot s_{1,l}\cdot a_1+\pi_1\cdot w_{1,h}\cdot s_{1,h}-\pi_1\cdot a_1\cdot s_{1,l}+\pi_1\cdot a_1\cdot s_{1,h}-\pi_1\cdot w_{1,l}\cdot s_{1,l}-c_1-\pi_0\cdot a_1\cdot s_{1,h}+\pi_0\cdot a_1\cdot s_{1,l}+\pi_0\cdot w_{1,l}\cdot s_{1,l}-\pi_0\cdot w_{1,h}\cdot s_{1,h}=0 \quad (3\text{—}29\text{—}9)$$

$$a_2\cdot q_0\cdot\pi_1\cdot s_{1,h}+\pi_0\cdot w_{2,h}\cdot s_{2,h}\cdot a_2-\pi_0\cdot w_{2,l}\cdot s_{2,l}\cdot a_2-\pi_1\cdot w_{2,h}\cdot s_{2,h}\cdot a_2+\pi_1\cdot w_{2,l}\cdot s_{2,l}\cdot a_2+\pi_0\cdot a_2\cdot s_{2,l}$$

$$-\pi_0 \cdot a_2 \cdot s_{2,h} + \pi_0 \cdot w_{2,l} \cdot s_{2,l} - \pi_0 \cdot w_{2,h} \cdot s_{2,h} + \pi_1 \cdot a_2 \cdot s_{2,h} + \pi_1 \cdot w_{2,h} \cdot s_{2,h} - \pi_1 \cdot a_2 \cdot s_{2,l} - \pi_1 \cdot w_{2,l} \cdot s_{2,l} - c_2 - a_2 \cdot q_1 \cdot \pi_1 \cdot s_{1,h} + a_2 \cdot q_1 \cdot s_{1,l} \cdot \pi_1 + a_2 \cdot q_1 \cdot \pi_0 \cdot s_{1,h} - a_2 \cdot q_1 \cdot s_{1,l} \cdot \pi_0 - a_2 \cdot q_0 \cdot s_{1,l} \cdot \pi_1 - a_2 \cdot q_0 \cdot \pi_0 \cdot s_{1,h} + a_2 \cdot q_0 \cdot s_{1,l} \cdot \pi_0 = 0 \tag{3—29—10}$$

由式（3—29—1）至式（3—29—10）构成的方程组，其未知数包括：

$$\{(w_{1,h}, s_{1,h}), (w_{1,l}, s_{1,l}), (w_{2,h}, s_{2,h}), (w_{2,l}, s_{2,l}), \lambda_1, \lambda_2\} \tag{3—30}$$

这些值完全刻画了委托人在情形 1 得以实现时所能够设计的最优合约。最终解得：

$$\lambda_1 = \frac{(q_0 - q_1) \cdot a_2(1-a_2) \cdot c_1^2 + (p_1 - p_0) \cdot a_1(1-a_1) \cdot c_2^2}{(1-a_1) \cdot (1-a_2) \cdot c_1^2 \cdot c_2} \tag{3—31}$$

$$\lambda_2 = \frac{(q_0 - q_1) \cdot a_2(1-a_2) \cdot c_1^2 + (p_1 - p_0) \cdot a_1(1-a_1) \cdot c_2^2}{(1-a_1) \cdot (1-a_2) \cdot c_1 \cdot c_2^2} \tag{3—32}$$

$$s_{1,h} = \frac{(1-a_2) \cdot c_1^2 \cdot c_2 \cdot \pi_1}{(\pi_1 - \pi_0) \cdot [(q_0 - q_1) \cdot a_2(1-a_2) \cdot c_1^2 + (p_1 - p_0) \cdot a_1(1-a_1) \cdot c_2^2]} \tag{3—33}$$

$$s_{1,l} = \frac{(a_2 - 1) \cdot c_1^2 \cdot c_2 \cdot (1-\pi_1)}{(\pi_1 - \pi_0) \cdot [(q_0 - q_1) \cdot a_2(1-a_2) \cdot c_1^2 + (p_1 - p_0) \cdot a_1(1-a_1) \cdot c_2^2]} \tag{3—34}$$

$$s_{2,h} = \frac{(a_1 - 1) \cdot c_1 \cdot c_2^2 \cdot \pi_1}{(\pi_1 - \pi_0) \cdot [(q_0 - q_1) \cdot a_2(1-a_2) \cdot c_1^2 + (p_1 - p_0) \cdot a_1(1-a_1) \cdot c_2^2]} \tag{3—35}$$

$$s_{2,l}=\frac{(1-a_1)\cdot c_1\cdot c_2^2\cdot(1-\pi_1)}{(\pi_1-\pi_0)\cdot[(q_0-q_1)\cdot a_2(1-a_2)\cdot c_1^2+(p_1-p_0)\cdot a_1(1-a_1)\cdot c_2^2]} \tag{3—36}$$

$$w_{1,h}=w_{1,l}=\frac{c_1\cdot a_2\cdot(q_0-q_1)-a_1\cdot c_2}{(1-a_1)\cdot c_2} \tag{3—37}$$

$$w_{2,h}=w_{2,l}=\frac{c_2\cdot a_1\cdot(p_0-p_1)-a_2\cdot c_1}{(1-a_2)\cdot c_1} \tag{3—38}$$

式（3—31）至式（3—38）构成了方程组的解，但这组解目前还不能完全视作 $P2$ 问题的最优解，更不能等价于最优合约的构成要素。库恩-塔克条件要求拉格朗日乘子 λ_1 和 λ_2 必须大于或等于 0[①]，因此，即使就优化问题来说，我们还需要研究式（3—31）与式（3—32）的非负性，这一讨论我们用引理 3.1 给出。

引理 3.1：当 $\frac{a_2}{c_2}\gg\frac{a_1}{c_1}$ 时，式（3—31）至式（3—38）构成了 $P2$ 问题的最优解。其中，“远远大于”由以下不等式所刻画：

$$(q_0-q_1)\cdot\frac{c_1}{c_2}\cdot(1-a_1)\cdot\frac{a_2}{c_2}>\frac{a_1}{c_1} \tag{3—39}$$

证明：依据前文的论述，$P2$ 问题已经通过一阶条件求解出内点解，因此我们只需验证由此一阶条件给出的乘子 λ_1 和 λ_2 是否满足库恩-塔克条件的要求，即 λ_1，$\lambda_2\geqslant 0$。[②] 我们做如下运算：

$$(q_0-q_1)\cdot\frac{c_1}{c_2}\cdot(1-a_1)\cdot\frac{a_2}{c_2}>\frac{a_1}{c_1}\xleftrightarrow{c_1>0,c_2>0}$$

$$(q_0-q_1)\cdot c_1^2\cdot(1-a_1)\cdot a_2>\frac{a_1}{c_1}\cdot c_2^2\cdot c_1$$

$$=a_1\cdot c_2^2\geqslant(p_0-p_1)\cdot(1-a_1)\cdot a_1\cdot c_2^2$$

---

① 此时，λ_3，$\lambda_4=0$。

② 结合之前的试算过程，实际上我们要求 λ_1 和 λ_2 严格为正。

上式中最后一个“≥”的成立，来自（p_0-p_1）·$(1-a_1)\leqslant 1$，因此，我们有：

$$(q_0-q_1)\cdot a_2(1-a_2)\cdot c_1^2+(p_1-p_0)\cdot a_1(1-a_1)\cdot c_2^2>0$$

观察 λ_1 和 λ_2 的表达式，回忆起前文假设 a_1，$a_2\in[0,1]$，$0<c_1<c_2$，我们便可以使 $\lambda_1>0$，$\lambda_2>0$ 的要求等价为 $(q_0-q_1)\cdot\frac{c_1}{c_2}\cdot(1-a_1)\cdot\frac{a_2}{c_2}>\frac{a_1}{c_1}$。又因为：

$$(q_0-q_1)\cdot\frac{c_1}{c_2}\cdot(1-a_1)<1$$

故需要$\frac{a_2}{c_2}$“远远大于”$\frac{a_1}{c_1}$，才能满足不等式（3—39），至此引理3.1得证。■

3.3.3.5　最优合约的性质

通过引理3.1，我们确认了式（3—31）至式（3—38）的确可以成为 $P2$ 问题的最优解。更进一步，我们将通过引理3.2来探讨这个最优解的独特性质。

引理3.2：当 $(q_0-q_1)\cdot\frac{c_1}{c_2}\cdot(1-a_1)\cdot\frac{a_2}{c_2}>\frac{a_1}{c_1}$时，我们有：

$$s_{1,h}\geqslant s_{1,l},s_{2,h}\leqslant s_{2,l} \tag{3—40}$$

$$s_{1,h}>s_{2,h},s_{1,l}<s_{2,l} \tag{3—41}$$

$$w_{1,h}=w_{1,l}>0 \tag{3—42}$$

$$w_{2,h}=w_{2,l}<0 \tag{3—43}$$

证明：由引理3.1我们知道：当 $(q_0-q_1)\cdot\frac{c_1}{c_2}\cdot(1-a_1)\cdot\frac{a_2}{c_2}>\frac{a_1}{c_1}$时，我们有：

$$(q_0-q_1)\cdot a_2(1-a_2)\cdot c_1^2+(p_1-p_0)\cdot a_1(1-a_1)\cdot c_2^2>0$$

观察式（3—33）至式（3—36）的分母，结合假设 a_1，$a_2\in[0,1]$，$c_2>c_1>0$ 易得：$s_{1,h}\geqslant 0$，$s_{1,l}\leqslant 0$，$s_{2,h}\leqslant 0$，$s_{2,l}\geqslant 0$，其中当 a_1，$a_2=1$ 时，等号成立。由此，自然可以得到式（3—40）、式（3—41）。

回忆假设 $0<c_1<c_2$，我们有：

$$(q_0-q_1)\cdot\frac{a_2}{c_2}>(q_0-q_1)\cdot\frac{c_1}{c_2}\cdot(1-a_1)\cdot\frac{a_2}{c_2}>\frac{a_1}{c_1}$$

即：$c_1\cdot a_2\cdot(q_0-q_1)-a_1\cdot c_2>0$。

观察式（3—37），显然可得式（3—42）。

关于式（3—43），我们做如下运算：

由 $(p_0-p_1)\cdot a_1(1-a_1)\cdot c_2^2<(q_0-q_1)\cdot a_2(1-a_2)\cdot c_1^2$ 以及参数 a_i，c_i 的非负性可得：

$$\begin{aligned}c_2\cdot a_1\cdot(p_0-p_1)&<\frac{(q_0-q_1)\cdot a_2(1-a_2)\cdot c_1^2}{(1-a_1)\cdot c_2}\\&=a_2\cdot c_1\cdot\frac{(q_0-q_1)\cdot(1-a_2)\cdot c_1}{(1-a_1)\cdot c_2}\end{aligned}$$

由于

$$\frac{(q_0-q_1)\cdot(1-a_2)\cdot c_1}{(1-a_1)\cdot c_2}\leqslant 1$$

综上可得：

$$c_2\cdot a_1\cdot(p_0-p_1)<a_2\cdot c_1$$

将其代入式（3—38）即可证明式（3—42）。引理3.2得证。■

综上所述，引理3.1和引理3.2使我们对 $P2$ 问题的求解有了清晰的认识，然而 $P2$ 毕竟不等同于 $P1$。工资支付的非负性要求，是这两个问题的本质差别。命题 3.2 对 $P2$ 问题中的最优合约——$contract_{P2}^{1}$ 给出了一个总结，并在特殊参数要求下找出了一个反例，明确了 $contract_{P2}^{1}$ 对于工资支付非负性约束的破坏，从而证明了 $P2$ 与 $P1$ 问题的不等价性。

命题 3.2： 当 $\frac{a_2}{c_2} \gg \frac{a_1}{c_1}$ 时①，$P2$ 问题有唯一最优解，即委托人可以采用最优合约 $contract_{P2}^{1}$ 来满足情形 1 的要求，却不能排除代理人对于委托人的"行贿"：

$$s_{1,h}=\frac{(1-a_2)\cdot c_1^2\cdot c_2\cdot \pi_1}{(\pi_1-\pi_0)\cdot[(q_0-q_1)\cdot a_2(1-a_2)\cdot c_1^2+(p_1-p_0)\cdot a_1(1-a_1)\cdot c_2^2]}$$

$$s_{1,l}=\frac{(a_2-1)\cdot c_1^2\cdot c_2\cdot (1-\pi_1)}{(\pi_1-\pi_0)\cdot[(q_0-q_1)\cdot a_2(1-a_2)\cdot c_1^2+(p_1-p_0)\cdot a_1(1-a_1)\cdot c_2^2]}$$

$$s_{2,h}=\frac{(a_1-1)\cdot c_1\cdot c_2^2\cdot \pi_1}{(\pi_1-\pi_0)\cdot[(q_0-q_1)\cdot a_2(1-a_2)\cdot c_1^2+(p_1-p_0)\cdot a_1(1-a_1)\cdot c_2^2]}$$

$$s_{2,l}=\frac{(1-a_1)\cdot c_1\cdot c_2^2\cdot (1-\pi_1)}{(\pi_1-\pi_0)\cdot[(q_0-q_1)\cdot a_2(1-a_2)\cdot c_1^2+(p_1-p_0)\cdot a_1(1-a_1)\cdot c_2^2]}$$

$$w_{1,h}=w_{1,l}=\frac{c_1\cdot a_2\cdot (q_0-q_1)-a_1\cdot c_2}{(1-a_1)\cdot c_2}$$

$$w_{2,h}=w_{2,l}=\frac{c_2\cdot a_1\cdot (p_0-p_1)-a_2\cdot c_1}{(1-a_2)\cdot c_1}$$

---

① 这里的"远大于——≫"可用以下不等式来具体刻画：$(q_0-q)\cdot\frac{c_1}{c_2}\cdot(1-a_1)\cdot\frac{a_2}{c_2}>\frac{a_1}{c_1}$。

即在能够缔约的前提下，$contract_{P2}^{1}$具有以下特征：

$$s_{1,h} \geqslant s_{1,l}, s_{2,h} \leqslant s_{2,l}; s_{1,h} > s_{2,h}, s_{1,l} < s_{2,l}; w_{1,h} = w_{1,l} > 0;$$
$$w_{2,h} = w_{2,l} < 0$$

经济含义：首先，需要明确命题 3.2 所揭示的条件是最优合约 $contract_{P2}^{1}$存在的充分条件而非充要条件。事实上在后文中，我们将会更加清楚地体会这一特性。在命题 3.5 中，我们将给出委托人实现情形 1 时的最优合约及其成立条件，从中我们能够看到，命题 3.2 所要求的条件将成为命题 3.5 的一个特例，而命题 3.2 在此处的主要目的在于证明：$P2$ 问题不等价于 $P1$ 问题。对于这种“证伪”性质的命题，我们的方法是寻找反例。

其次，针对这一反例我们发现，$\frac{a_2}{c_2} \gg \frac{a_1}{c_1}$这一充分条件在模型假设 $c_2 > c_1$ 的约束下必然要求 $a_2 \gg a_1$，即：能力低的代理人 2（对应较高的边际成本）更加看重荣誉奖励的相对比较，也更能从这类奖励的差异对比中得到满足或遭受“煎熬”。在这样的局势下，委托人能够找到最优合约 $contract_{P2}^{1}$，并且通过它激励不同的代理人主动选择努力工作。但这样的自由缔约同时隐含着另一个“秘密”：委托人会针对代理人 2“索贿”，代理人 2 则会顺从这种意愿。对照博弈时序图 3—1，我们引入了 $contract_{P2}^{1}$对参与方合约缔结、实施的过程再次进行分析。在基准模型中，根据信息结构的假设，委托人对于代理人的特征（a_i，c_i）完全了解，在面对异质性代理人的瞬间，委托人就可以通过逆向归纳得出最优合约 $contract_{P2}^{1}$，同时委托人可以向代理人 1、2 展示合约，并针对其不同类型阐述不同的合约条件。因此在 $a_2 \gg a_1$ 的局面下，委托人将向代理人 2“索贿”，并说明针对她/他的“特殊”荣誉授予规则。当代理人 2 面临这样的合约要求时，正如委托人所料想的那样，她/他将会接受合约并承诺按照委托人的要求在状态实现后接受对其的支付从而“换取”更大可能的“荣誉胜出”[①]。观察在特殊条件下 $contract_{P2}^{1}$ 的特性，我们就能在经济直觉上理解这一合约的有效性。

我们看到，委托人对于代理人 1、2 的荣誉授予规则如下：

$$s_{1,h} \geqslant s_{1,l}, s_{2,h} \leqslant s_{2,l}; s_{1,h} > s_{2,h}, s_{1,l} < s_{2,l}$$

即：对于高能力的代理人 1，委托人实行正常的奖惩激励：高产出对应高荣誉，低产出对应低荣誉，同时支付其固定工资。为了节省成本，激励工资则完全被荣誉奖励所替代。但对于低能力的代理人 2，由于其与委托人之间存在“腐败”——反向支付的工资，委托人对她/他的激励出现扭曲：高产出对应低荣誉，低产出反而对应高荣誉。同时，当代理人 1、2 都为高产出时，能力高的代理人 1 将在荣誉方面胜出；反之，若二人都是低产出的，则低能力的代理人 2 胜出。出现这种激励扭曲的原因在于：委托人深知代理人 2 高度重视荣誉上的胜出，但其努力成本较高，在委托人力求激励所有人都努力的大前提下，激励代理人 2 相对较难，因此最有效的方式应是采取荣誉奖励。但若在高产出时让代理人 2 荣誉胜出，则会大大伤害代理人 1，造成对代理人 1 支付更多工资补偿的负面效果；但若在低产出时让代理人 2 荣誉胜出，则同时能够产生两方面效应：

一是相当于给高能力代理人 1 一个惩罚，增强激励强度，使其努力工作以尽量避免陷入低产出的境地；

二是相当于给低能力代理人 2 一个保障，这样反而有助于激励其努力工作。这个看似奇怪的逻辑可以这样理解：我们反向思考这个问题。假如不是如此，代理人 2 就会知道，无论产出高低，其在荣誉方面都会被胜出，而代理人 2 恰恰高度重视荣誉比

① 我们将荣誉胜出定义为自身的荣誉高于对方。

较，如此，则她/他一定不会与委托人缔约。然而，若给予代理人 2 低产出时高的荣誉奖励，则代理人 2 一定会加入合约，尽管委托人可能会面对低产出的损失，但其可以通过向代理人 2 索要支付以弥补此项损失，而这一反向支付的数额可以由代理人 2 的特征信息准确算出。事实上，这一反向支付的数额和荣誉胜出的承诺能够保证代理人 2 加入合约，并且在努力与不努力间无差异，但基于模型的暗含假设，此时代理人 2 仍然会选择情形 1 下委托人所期望的努力状态。

这两方面效应的综合，给出了命题 3.2 所论及的特例合约的经济逻辑。在后文的命题 3.5 中，我们将在一个更加一般性的条件下讨论最优合约的荣誉分配规则。

至此，我们只是完成了委托人最优合约设计问题的第一步。由命题 3.2 我们知道代理人 2 为了获得更高的荣誉奖励，宁可损失财富[①]而对委托人进行反向支付，从这个可能性也就能清晰地看出 $P2$ 问题的解并不等价于 $P1$ 中的最优合约。前文我们已经讨论过，$P2$ 问题去掉了工资支付的非负约束，增大了可行集的范围。接下来我们需要还原这一更符合经济直觉的约束，看看对参数施加怎样的限制，才能够保证 $P1$ 和 $P2$ 之间的等价性。

第二步的核心在于工资支付的非负性。观察式（3—37）与式（3—38），我们发现，当工资支付为正时，代理人 1、2 在均衡时的主观概率分布将具有一些有趣的特性，我们用引理 3.3 描述之。

引理 3.3：若委托人对代理人的工资支付为正，则 p_0，q_0 远远大于 p_1，q_1（即 $p_0-p_1\geqslant\frac{a_2}{a_1}\cdot\frac{c_1}{c_2}>0$，$q_0-q_1\geqslant\frac{a_1}{a_2}\cdot\frac{c_2}{c_1}>0$）。[②]

---

① 本书中没有讨论代理人的初始禀赋，我们暗含地假设代理人 1 和 2 具有相同的财富初始禀赋，且足够按照其意愿对委托人“行贿”。

② 关于 $F_1(\omega_n|e_1)$ 的上限问题，我们将在引理 3.4 中讨论。

证明： 由式（3—37）、式（3—38）和之前关于参数的假设显然可得。

引理 3.3 的结论虽然很简单，却富有非常有趣的经济学含义。再次回忆这些参数，p_0 和 p_1 分别代表代理人 1 自身努力程度分别为 $e_1=0$ 和 $e_1=1$ 时，代理人 1 对于代理人 2 努力（$e_2=1$）的概率猜测。如果要求 p_0 远远大于 p_1，则意味着，和自己努力时相比，代理人 1 不努力时，认为他人将有更大的概率努力，表现出依赖于自身行为的“悲观”；反之，当代理人 1 努力时，又会认为对方会以较低的概率努力，表现出“乐观”。依照传统理性假设，代理人 1 对于代理人 2 努力概率的信念应该是一致的，因为这种推测反映了参与人对同一状态的判断。然而，由于在我们的模型中，更多地考虑到荣誉奖励的社会比较，因此我们引入了依赖于代理人行为的主观概率分布，自然也蕴含了这种信念不一致的可能性。令人吃惊的是，最优解的出现将这种考虑社会比较的代理人与行为经济学中的“乐观主义者（optimists）假设”、“悲观主义者（pessimists）假设”联系了起来。当模型内生排除代理人为了获取荣誉奖励而向委托人“行贿”时，必然要求代理人 1、2 具有这种行为偏好：当代理人 1 自身努力时，表现为一个乐观主义者，认为对方努力的概率不高，因此自己会有较大的赢得高于对方的荣誉的可能性；反之，当代理人 1 不努力时，表现为悲观主义者，认为对方有很大的概率努力，因此，自己能超越对方的可能性非常小。对于代理人 2 的情形也类似，总是在乐观主义者和悲观主义者之间徘徊，这种徘徊依赖于自身的行为选择。我们甚至能够刻画这种由于自身选择差异而造成的信念偏误到底有多大：对于代理人 1 和 2 我们分别定义 $\mu_1=p_0-p_1$ 和 $\mu_2=q_0-q_1$ 来描述这种由于自身选择差异而造成的信念偏误。

事实上，引理 3.3 只给出了工资支付为正的必要条件，但绝非

充分条件。原因在于这个论证暗含了 $P2$ 中的内点解同样也适用于 $P3$ 的假设。但这个假设成立与否并非必然，我们所要做的正是寻找可行的参数集使得 $P2$ 问题等价于 $P1$。

再次观察式（3—31）至式（3—38），我们将“拉格朗日乘子 λ_1，$\lambda_2>0$”、“委托人对代理人的工资支付为正”这两个问题划归到一个不等式组（$P3$）的求解上：

$$\begin{cases}\mu_2\cdot a_2(1-a_2)\cdot c_1^2-\mu_1\cdot a_1(1-a_1)\cdot c_2^2>0\\ c_2\cdot a_1\cdot\mu_1-a_2\cdot c_1>0\\ c_1\cdot a_2\cdot\mu_2-a_1\cdot c_2>0\\ 0<c_1<c_2\\ a_1,a_2\in(0,1)\\ \mu_1,\mu_2\in[-1,1]\end{cases}\tag{P3}$$

不等式组（$P3$）刻画了将 $P2$ 问题转化为 $P1$ 问题的充要条件。我们将 a_i，c_i（$i=1$，2）视作外生参数，并给出其在模型中的边界，而将代理人 1 和 2 的信念偏误 μ_1 和 μ_3 的取值视作这个不等式组的解。[①] 我们用引理 3.4 来刻画这一结果。

引理 3.4： 当外生参数满足假定 $c_2-c_1>a_1\cdot c_2-a_2\cdot c_1$，$\frac{a_2}{a_1}<\frac{c_2}{c_1}$与$\frac{a_1\cdot(1-a_1)}{a_2\cdot(1-a_2)}<\frac{c_1^2}{c_2^2}$时，若代理人 1、2 的信念偏误在均衡时满足 $\mu_1\in\left(\frac{a_2\cdot c_1}{a_1\cdot c_2},\ 1\right]$与 $\mu_2\in\left(\frac{a_1\cdot(1-a_1)\cdot c_2^2}{a_2\cdot(1-a_2)\cdot c_1^2},\ 1\right]$，则 $P2$ 问题完全等价于 $P1$，即 $contract_{P2}^1=contract_{P1}^1$，并且能够保证委托人对代理人 1、2 的工资支付均为正。

证明： 由之前的论证可知，不等式组 $P3$ 的求解是引理 3.4 证

① $F_2(\omega_n|e_2)$ 由其定义得到。

明的关键。

不等式

$$\mu_2 \cdot a_2(1-a_2) \cdot c_1^2 - \mu_1 \cdot a_1(1-a_1) \cdot c_2^2 > 0 \qquad (3\text{—}44)$$

等价于：

$$\mu_2 \cdot a_2(1-a_2) \cdot c_1^2 > \mu_1 \cdot a_1(1-a_1) \cdot c_2^2$$

同时 $\max\{\mu_1\}=1$，因此若要求不等式（3—44）成立，只需要求 $\mu_2 \cdot a_2(1-a_2) \cdot {c_1}^2 > a_1.(1-a_1) \cdot c_2^2$ 成立即可，即：

$$\mu_2 > \frac{a_1(1-a_1) \cdot c_2^2}{a_2(1-a_2) \cdot c_1^2} \qquad (3\text{—}45)$$

不等式

$$c_2 \cdot a_1 \cdot \mu_1 - a_2 \cdot c_1 > 0 \qquad (3\text{—}46)$$

等价于：

$$\mu_1 > \frac{a_2 \cdot c_1}{a_1 \cdot c_2} \qquad (3\text{—}47)$$

我们现在来讨论不等式：

$$c_1 \cdot a_2 \cdot \mu_2 - a_1 \cdot c_2 > 0 \qquad (3\text{—}48)$$

将 $\mu_2 > \dfrac{a_1(1-a_1) \cdot c_2^2}{a_2\ (1-a_2) \cdot c_1^2}$ 代入上式可得：

$$\mu_2 \cdot c_1 \cdot a_2 - a_1 \cdot c_2 > \frac{a_1(1-a_1) \cdot c_2^2}{(1-a_2) \cdot c_1} - a_1 \cdot c_2$$

$$= \frac{a_1(1-a_1) \cdot c_2^2 - a_1 \cdot c_2 \cdot (1-a_2) \cdot c_1}{(1-a_2) \cdot c_1} \qquad (3\text{—}49)$$

即：

$$\mu_2 \cdot c_1 \cdot a_2 - a_1 \cdot c_2 > \frac{a_1 \cdot c_2 \cdot [(1-a_1) \cdot c_2 - (1-a_2) \cdot c_1]}{(1-a_2) \cdot c_1}$$

若要求不等式（3—48）成立，并考虑式（3—45）、式(3—47)，只需要求

$$(1-a_1)\cdot c_2>(1-a_2)\cdot c_1$$

即可，整理可得：

$$c_2-c_1>a_1\cdot c_2-a_2\cdot c_1 \tag{3—50}$$

观察 $\mu_1>\frac{a_2\cdot c_1}{a_1\cdot c_2}$ 与 $\mu_2>\frac{a_1\cdot(1-a_1)\cdot c_2^2}{a_2\cdot(1-a_2)\cdot c_1^2}$，要使其成为不等式组 $P3$ 的解，还需要使其满足 μ_1，$\mu_2\in[-1，1]$，因此要求 μ_1 和 μ_2 的下限不能超出 1，若超出 1，则丧失了对 μ_1 和 μ_2 的限制作用。因此，我们需要设定：

$$\frac{a_2\cdot c_1}{a_1\cdot c_2}<1 \tag{3—51}$$

$$\frac{a_1\cdot(1-a_1)\cdot c_2^2}{a_2\cdot(1-a_2)\cdot c_1^2}<1 \tag{3—52}$$

综上，当外生参数满足 $c_2-c_1>a_1\cdot c_2-a_2\cdot c_1$，$\frac{a_2}{a_1}<\frac{c_2}{c_1}$ 与 $\frac{a_1\cdot(1-a_1)}{a_2\cdot(1-a_2)}<\frac{c_1^2}{c_2^2}$ 的限制时，我们就可以求出不等式组 $P3$ 的解：

$$\mu_1\in\left(\frac{a_2\cdot c_1}{a_1\cdot c_2},1\right],\mu_2\in\left(\frac{a_1\cdot(1-a_1)\cdot c_2^2}{a_2\cdot(1-a_2)\cdot c_1^2},1\right]$$

故引理 3.4 得证。■

经济含义：引理 3.4 告诉我们，并不是在所有的经济环境中都能够找到这样的最优合约。最优合约要同时满足以下三个要求：

第一，实现情形 1 的特殊状态；

第二，满足代理人参与约束和激励相容条件；

第三，排除代理人向委托人的反向支付。

事实上，这样的最优合约严格依赖代理人的特征而存在。引理3.4通过描述参数的可行集，从模型的数学结构上为我们揭示了这类特殊经济环境的两方面特性。

要求1：异质性代理人1、2给定的特征信息完全包含在（a_i，c_i）（i=1，2）中，引理3.4所要求的参数集限制了（a_i，c_i）（i=1，2）的任意性。这说明：这类试图混合使用荣誉奖励和薪酬工资的激励合约，并不具有广泛的适用性，而只能针对特殊群体，因此具有很强的目标性。在后文中，我们将进一步细化参数可行集的含义，明确究竟针对哪种参与人，这种合约才真正有效。

要求2：模型引入了荣誉奖励的社会比较，因此涉及代理人1和2对他人行为、状态的猜测，即代理人的主观概率信念。在基本静态模型中，我们将这一信念设置为外生给定的，但即便如此，引理3.4告诉我们，在均衡时，特殊的代理人（满足要求1）仍然需要具有特殊的主观概率信念，才可以保证最优合约的有效性。这一特殊的主观概率信念，我们用代理人1和2的信念偏误μ_1和μ_2来刻画。

引理3.4在数学形式上刻画了$contract_{P1}^1$所能适应的经济环境，以下我们将从该命题的要求1和2入手，具体讨论这种经济环境与$contract_{P1}^1$的直觉含义。最终，我们将通过命题3.3揭示：在现实经济环境的一般假设下，引理3.4所列出的参数集合不存在，这同时也说明了最优合约$contract_{P1}^1$的“破产”。

命题3.3：在异质性代理人1、2（$0<c_1<c_2$）的环境中，不存在最优合约$contract_{P1}^1$在激励所有代理人都努力的同时，还能排除代理人向委托人进行反向支付以获得荣誉奖励的“行贿”行为。

证明：首先我们来讨论引理3.4对代理人（a_i，c_i）（i=1，2）的要求1。

根据模型的假设，我们知道$0<c_1<c_2$，因此我们假定$c_2=k\cdot$

c_1，$k \in [1, +\infty)$，并将其代入到式（3—50）与式（3—52），分别可得：

$$k \cdot c_1 - c_1 > a_1 \cdot k \cdot c_1 - a_2 \cdot c_1, \text{即 } k > \frac{1-a_2}{1-a_1} \text{①} \quad (3\text{—}53)$$

$$\frac{a_1(1-a_1)}{a_2(1-a_2)} < \frac{c_1^2}{k^2 \cdot c_1^2}, \text{即 } k < \sqrt{\frac{a_2 \cdot (1-a_2)}{a_1 \cdot (1-a_1)}} \quad (3\text{—}54)$$

综合式（3—52）、式(3—53）即可得到要求 1 的等价表述：

$$\frac{1-a_2}{1-a_1} < k < \sqrt{\frac{a_2 \cdot (1-a_2)}{a_1 \cdot (1-a_1)}} \quad (3\text{—}55)$$

考虑到引理 3.4 中$\frac{a_2}{a_1} < \frac{c_2}{c_1}$的限制，此时我们需要分情形进行讨论。

情形 1：假定存在$\frac{1-a_2}{1-a_1} < \frac{a_2}{a_1}$，即等价于 $a_1 < a_2$，此时，式（3—55）可转化为：$\frac{a_2}{a_1} < k < \sqrt{\frac{a_2 \cdot (1-a_2)}{a_1 \cdot (1-a_1)}}$，但若要使此式成立，需要有：$\frac{a_2}{a_1} < \sqrt{\frac{a_2 \cdot (1-a_2)}{a_1 \cdot (1-a_1)}}$，等价于②$\frac{1-a_2}{1-a_1} > \frac{a_2}{a_1}$，与之前的假定矛盾，因此，情形 1 不能成立。

情形 2：假定存在$\frac{1-a_2}{1-a_1} > \frac{a_2}{a_1}$，即等价于 $a_1 > a_2$，此时，式（3—55）可转化为：$\frac{1-a_2}{1-a_1} < k < \sqrt{\frac{a_2 \cdot (1-a_2)}{a_1 \cdot (1-a_1)}}$，但若要使此式成

---

① 这一约束有效与否取决于$\frac{1-a_2}{1-a_1} > 1$是否成立。若成立，则有效；反之，则 $k > 1$ 即可保证此式成立。

② 参数都在 0 到 1 之间，因此可保证等价。

立，需要有：$\frac{1-a_2}{1-a_1}<\sqrt{\frac{a_2 \cdot (1-a_2)}{a_1 \cdot (1-a_1)}}$，等价于$\frac{1-a_2}{1-a_1}<\frac{a_2}{a_1}$，与之前的假定矛盾，因此，情形 2 亦不能成立。

情形 3：$a_1=a_2$，此时 k 不存在，这与异质性代理人假设矛盾，故不能成立。

综上所述，我们无法找到一个$\frac{c_2}{c_1}\in(1，+\infty)$，且满足某个不等式组。① 因此，在不放弃异质性代理人假设的前提下，我们证得，这样的经济环境不存在。命题 3.3 得证。■

经济含义：命题 3.3 向我们展示了一个看似“悲观”的世界：在一个层级组织中，若能力存在差异的代理人都非常看重某种精神奖励所带来的社会比较，也就是说，代理人都希望通过委托人所赋予的荣誉象征证明自己“优于”对方，在这样的局势下，若委托人希望以混合合约（薪酬与荣誉）的方式，有效率地激励所有代理人都努力工作，势必要破坏直觉意义上的“公平”②，即这样的合约无法排除存在某个代理人向委托人“行贿”从而获得更高的社会认可的可能性。在这里，“无法排除”还包含委托人会自愿受贿，并扭曲对代理人的荣誉授予。

在现实世界中，几乎任何组织中都存在能力迥异的代理人，但我们的结论说明了，当组织面临价值观“一元化”、自利的委托人希望组织整体产出最大、内部代理人都对某种荣誉或身份象征“痴迷”时，该组织内部的公平合约关系将被取代，组织中必定会出现

---

① $$\begin{cases} \frac{a_2}{a_1}<\frac{c_2}{c_1} \\ \frac{a_2 \cdot (1-a_2)}{a_1 \cdot (1-a_1)}>\frac{c_2^2}{c_1^2} \\ \frac{1-a_2}{1-a_1}<\frac{c_2}{c_1} \end{cases} \tag{3—56}$$

② 这里是说，排除我们之前讨论的代理人向委托人“行贿”的反向支付情形。

腐败。这似乎能够在心理层面上给出高度集权化的组织更易产生腐败的原因。对这一问题的传统解释是，在高度集权化的组织中，资源分配也是高度集中的，因此为腐败的产生提供了更为便利的条件。然而，容易被人忽略的是造成腐败的心理机制：一般认为，高度集权化的组织，其价值观也高度统一，其内部人对于地位、荣誉的社会比较也较为看重。在这样的情形下，命题3.3说明了，希望组织产出最大的自利性委托人会通过接受代理人的自愿"行贿"扭曲委托人对代理人的荣誉授予，此时，能够排除这类反向支付的最优合约将不再出现。我们可以通过图3—2来表述这一逻辑关系。

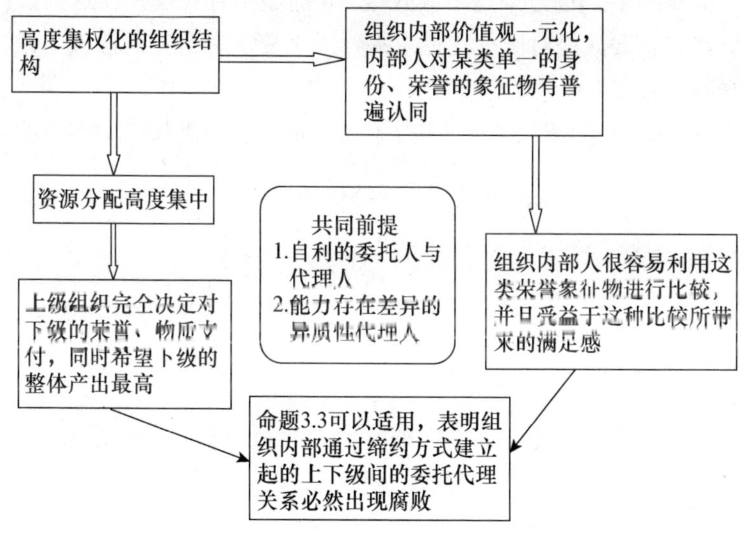

图3—2　命题3.3对于层级组织中腐败必然出现的一个解释

命题3.3告诉了我们$P1$问题不存在解，也就是说，委托人若期望情形1的状态得以实现，最好的选择是采用$contract_{P2}^{1}$，尽管在$contract_{P2}^{1}$中会出现"腐败的均衡"。关于$contract_{P2}^{1}$的相关特性，我们在命题3.2中已经说明，此处不再赘述。尽管我们确知，在

$contract_{P2}^1$被使用时，一定会存在代理人向委托人行贿、委托人自愿接受并扭曲荣誉授予的行为，但我们并不清楚，具体是哪一位代理人向委托人进行行贿，此处我们针对这一问题进行讨论。

命题 3.4：在最优合约 $contract_{P2}^1$ 中，只有更加看重“荣誉比较”的代理人才会向委托人行贿。具体可表述为：

形态 1：当 $0<a_2<a_1<1$ 时，存在恰当的信念偏误 μ_1 和 μ_2，使得在最优合约 $contract_{P2}^1$ 中，代理人 1 对委托人行贿。

形态 2：当 $1>a_2>a_1>0$ 且 $a_1+a_2<1$ 时，存在恰当的信念偏误 μ_1 和 μ_2，使得在最优合约 $contract_{P2}^1$ 中，代理人 2 对委托人行贿。

证明：我们已经知道不等式组 $P3$ 问题不存在解。在这种情况下，我们需要放松对所有代理人都要求工资支付为正的假设，讨论具体哪个代理人在怎样的情形下会向委托人进行反向的工资支付。首先，我们取消对于代理人 1 工资支付为正的要求，则 $P3$ 问题转化为：

$$\begin{cases}\mu_2\cdot a_2(1-a_2)\cdot c_1^2-\mu_1\cdot a_1(1-a_1)\cdot c_2^2>0\\ c_2\cdot a_1\cdot\mu_1-a_2\cdot c_1>0\\ 0<c_1<c_2\\ a_1,a_2\in(0,1)\\ \mu_1,\mu_2\in[-1,1]\end{cases}\tag{3—57}$$

借助引理 3.4 与命题 3.3 的证明，我们知道不等式组（3—57）的解等价于：

$$\begin{cases}\dfrac{a_2}{a_1}<\dfrac{c_2}{c_1}<\sqrt{\dfrac{a_2\cdot(1-a_2)}{a_1\cdot(1-a_1)}}\\ 0<a_2<a_1<1\\ \mu_1\in\left(\dfrac{a_2\cdot c_1}{a_1\cdot c_2},1\right]\\ \mu_2\in\left(\dfrac{a_1\cdot(1-a_1)\cdot c_2^2}{a_2\cdot(1-a_2)\cdot c_1^2},1\right]\end{cases}\tag{3—58}$$

在这种情形下，我们可以验证：$c_1 \cdot a_2 \cdot \mu_2 - a_1 \cdot c_2 < 0$，即代理人 1 的工资支付为负。

同理，我们取消对于代理人 2 工资支付为正的要求，则 $P3$ 问题转化为：

$$\begin{cases} \mu_2 \cdot a_2(1-a_2) \cdot c_1^2 - \mu_1 \cdot a_1(1-a_1) \cdot c_2^2 > 0 \\ c_1 \cdot a_2 \cdot \mu_2 - a_1 \cdot c_2 > 0 \\ 0 < c_1 < c_2 \\ a_1, a_2 \in (0,1) \\ \mu_1, \mu_2 \in [-1,1] \end{cases} \tag{3—59}$$

参考引理 3.4 与命题 3.3 的证明，我们可以得到 $\mu_2 \in \left(\frac{a_1 \cdot (1-a_1) \cdot c_2^2}{a_2 \cdot (1-a_2) \cdot c_1^2},\ 1\right]$与 $\mu_2 \in \left(\frac{a_1 \cdot c_2}{a_2 \cdot c_1},\ 1\right]$，因此不等式组（3—59）的核心在于，当对信念偏误 μ_1 和 μ_2 的限制满足其定义时，讨论$\frac{a_1 \cdot (1-a_1) \cdot c_2^2}{a_2 \cdot (1-a_2) \cdot c_1^2}$与$\frac{a_1 \cdot c_2}{a_2 \cdot c_1}$的大小比较。

由$\begin{cases} \frac{a_1 \cdot (1-a_1) \cdot c_2^2}{a_2 \cdot (1-a_2) \cdot c_1^2} < 1 \\ \frac{a_1 \cdot c_2}{a_2 \cdot c_1} < 1 \end{cases}$可得：

$$\begin{cases} \frac{c_2}{c_1} < \sqrt{\frac{a_2 \cdot (1-a_2)}{a_1 \cdot (1-a_1)}} \\ \frac{c_2}{c_1} < \frac{a_2}{a_1} \end{cases} \tag{3—60}$$

若 $a_2 < a_1$，则$\frac{c_2}{c_1} < \frac{a_2}{a_1} < 1$。这与模型假设矛盾，因此必有：

$$0 < a_1 < a_2 < 1 \tag{3—61}$$

又因为$\frac{a_2}{a_1}>\sqrt{\frac{a_2\cdot(1-a_2)}{a_1\cdot(1-a_1)}}$在模型参数的限定下等价于式（3—61），故我们自然可以将式（3—60）化简为：

$$\frac{c_2}{c_1}<\sqrt{\frac{a_2\cdot(1-a_2)}{a_1\cdot(1-a_1)}} \tag{3—62}$$

同理，我们还要求$\frac{a_2\cdot(1-a_2)}{a_1\cdot(1-a_1)}>1$，即：

$$a_1+a_2<1 \tag{3—63}$$

在我们模型参数的限定下，$\frac{a_1\cdot(1-a_1)\cdot c_2^2}{a_2\cdot(1-a_2)\cdot c_1^2}$与$\frac{a_1\cdot c_2}{a_2\cdot c_1}$的大小比较等价于$\frac{1-a_1}{1-a_2}$与$\frac{c_1}{c_2}$的比较。由式（3—61）和模型假设显然可以得到：$\frac{1-a_1}{1-a_2}>\frac{c_1}{c_2}$，即：

$$\frac{a_1\cdot(1-a_1)\cdot c_2^2}{a_2\cdot(1-a_2)\cdot c_1^2}>\frac{a_1\cdot c_2}{a_2\cdot c_1} \tag{3—64}$$

综上所述，我们对于不等式组（3—59）的解可以描述为：

$$\begin{cases}\mu_2\in\left(\frac{a_1\cdot(1-a_1)\cdot c_2^2}{a_2\cdot(1-a_2)\cdot c_1^2},1\right]\\ 0<a_1<a_2<1\\ a_1+a_2<1\\ \frac{c_2}{c_1}<\sqrt{\frac{a_2\cdot(1-a_2)}{a_1\cdot(1-a_1)}}\end{cases} \tag{3—65}$$

在这种情况下，我们可以验证：$c_2\cdot a_1\cdot\mu_1-a_2\cdot c_1<0$，即代理人 2 的工资支付为负。命题 3.4 得证。 ■

经济含义：我们之前已经论证，委托人若希望两个代理人都努

力工作，则其最优选择只能是 $contract_{P2}^{1}$。如果使用这个合约，就不能避免在缔约关系中存在代理人向委托人进行反向工资支付的行为，在这个意义上，我们将其定义为“腐败”。事实上，单纯从经济模型出发，故事应该是委托人先向某个代理人“索贿”，代理人在衡量得失之后，自愿接受这个条件以换取委托人在荣誉奖励方面的“照顾”。即使如此，在经济效率上，$contract_{P2}^{1}$ 仍然是情形 1 实现时的最优选择。命题 3.4 明确了，在这个具有经济效率但却破坏“公平”的合约关系之中，究竟谁才会成为“行贿”（或称“被索贿”）的代理人。其结论比较符合经济直觉。简单地说，谁更重视荣誉的社会比较，谁就会付出代价来谋求更高的荣誉奖励。同时，在基准模型的信息结构设置下，委托人自然也非常清楚谁的 a_i 会更高，因此自然也就能够非常“准确”地寻找“索贿”对象。从命题 3.4 中我们还发现，无论代理人能力高低，都存在向委托人行贿的可能性。观察命题 3.4 所提出的条件，我们可以看出，低能力的代理人 2 向委托人行贿所需要的参数限制要多于代理人 1 做同样的行为，其还要求代理人 1 和 2 的 a_i 都不能太高。原因在于，若非具有如此直觉，代理人 2 会做如下猜测：“如果能力较高的代理人 1 也非常看重荣誉奖励，则其也会通过对委托人的反向支付获得高的荣誉奖励。此时，委托人可能会基于总体产出的考虑，将高的荣誉奖励授予代理人 1，或者使得所有人荣誉相同。若如此，我的反向支付就没有意义了。”在这样的推理下，代理人 2 就不会对委托人行贿。从以上分析可以看出，低能力的代理人 2 较高能力的代理人 1 对委托人行贿的可能性会更低。我们将在推论 3.1 中试图对这样的直觉给出一个解释性证明。

推论 3.1：若由代理人的特征参数 a_1 和 a_2 所构成的二元组服从［0，1］上的均匀分布，则高能力的代理人 1（对应边际成本较低）对委托人行贿的概率远远高于低能力的代理人 2（前者是后者的两倍）。

证明：我们知道，(a_1，a_2) 服从二元均匀分布的充要条件是 a_1 和 a_2 相互独立，且都服从 [0，1] 上的均匀分布，即 $a_i \sim U(0, 1)$；同时，基于命题 3.4，我们可以在图 3—3 中分别绘制出代理人 1 和 2 对委托人行贿时的参数约束：

A 区域：$\{a_2 > a_1\}$，代表代理人 1 对委托人进行反向支付的参数范围；

B 区域：$\{a_1 > a_2\} \cap \{a_1 + a_2 < 1\}$，代表代理人 2 行贿的参数范围。

从图 3—3 中显然可以得到 $P(A) = 2 \cdot P(B)$，即推论 3.1 得证。 ■

经济含义：推论 3.1 的证明需要强的假设，“由特征参数 a_1 和 a_2 所构成的二元组服从 [0，1] 上的均匀分布”这个假设似乎具有很大的限制性（见图 3—3），但在现实中，却是人们进行各种猜测、决策时常用的判断。原因在于，在现实中，代理人的特征信息一般都属于私人信息，任何第三方对此基本上都只能作出推测，存在高度的不确定性和信息不对称性。如果这样，均匀分布与正态分布就是我们常用的两种近似。在推论 3.1 中，为了运算的原因，采用了前者。推论 3.1 揭示了一个看似“荒谬”的结论，较低能力者，高能力的代理人更有可能顺从委托人的索贿。直觉上为何如此呢？在我们的模型中，正如前文所述，低能力的代理人在行贿之前存在一个疑惑，即：“如果高能力的代理人也行贿，则考虑整体产出的委托人将更倾向于把较高荣誉授予高能力者，如此，我的付出必定得不到相应回报”。正是这个疑惑大大降低了低能力者向委托人行贿的可能性，而高能力者却丝毫不存在这样的担忧。① 这就是

① 这里隐藏了一个假设，模型只考虑两个代理人，能力一高一低。这个结构属于博弈参与者的公共知识，因此，每个代理人都能通过自身的能力类型推断他人能力的高低。

推论 3.1 背后的经济意义。

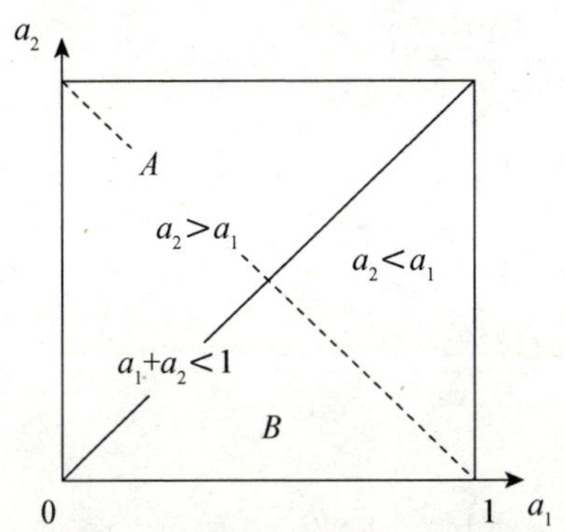

图 3—3　（a_1，a_2）的分布及其参数限制

综合命题 3.3 和命题 3.4，我们知道若委托人期望情形 1 的状态得以实现，则能够找到的最优合约只能是 $contract_{P2}^{1}$，$P1$ 问题在此种情形下无解。同时，我们也可以看到，最优合约 $contract_{P2}^{1}$ 的基本性质高度依赖于代理人的特征参数。基于此，我们将在命题 3.5 中讨论该合约如何伴随代理人特征的变化而改变。由于委托人与代理人之间的“索贿—行贿”问题，在命题 3.4 中已经进行了详尽讨论，此处我们只对荣誉奖励进行分析。

命题 3.5： 当委托人利用最优合约 $contract_{P2}^{1}$ 激励异质性代理人 1 和 2 都努力时，其最优荣誉分配规则依赖于状态空间 $\omega=\{(h,h),(h,l),(l,h),(l,l)\}$ 的实现。具体描述如下：

当 $\omega_1=(q_1,q_2)=(h,h)$ 时，$s_{1,h}>s_{2,h}$；当 $\omega_4=(q_1,q_2)=(l,l)$ 时，$s_{1,l}<s_{2,l}$。

当 $\omega_2=(q_1,q_2)=(h,l)$ 时，存在以下两种情形：

$$\begin{cases} s_{1,h}>s_{2,l}, if \pi_1>\rho_1 \\ s_{1,h}<s_{2,l}, if \pi_1<\rho_1 \end{cases}$$

式中，

$$\rho_1=\frac{(1-a_1)\cdot c_2}{(1-a_2)\cdot c_1+(1-a_1)\cdot c_2}$$

当 $\omega_3=(q_1,\ q_2)=(l,\ h)$ 时，存在以下两种情形：

$$\begin{cases}s_{1,l}>s_{2,h},if\pi_1>\rho_2\\ s_{1,l}<s_{2,h},if\pi_1<\rho_2\end{cases}$$

式中，

$$\rho_2=\frac{(1-a_2)\cdot c_1}{(1-a_2)\cdot c_1+(1-a_1)\cdot c_2}$$

特别地，当参数满足形态 2 的要求时，即在均衡合约中代理人 2 对委托人行贿，此时我们会有一些更加具体的结论：

若 $\pi_1>\rho_1$，状态 $\omega_2=(q_1,\ q_2)=(h,\ l)$ 实现，有 $s_{1,h}>s_{2,l}$；若状态 $\omega_3=(q_1,\ q_2)=(l,\ h)$ 实现，有 $s_{1,l}>s_{2,h}$。

若 $\pi_1<\rho_2$，状态 $\omega_2=(q_1,\ q_2)=(h,\ l)$ 实现，有 $s_{1,h}<s_{2,l}$；若状态 $\omega_3=(q_1,\ q_2)=(l,\ h)$ 实现，有 $s_{1,l}<s_{2,h}$。

若 $\pi_1<\frac{1}{2}$，状态 $\omega_2=(q_1,\ q_2)=(h,\ l)$ 实现，有 $s_{1,h}<s_{2,l}$。

若 $\pi_1>\frac{1}{2}$，状态 $\omega_3=(q_1,\ q_2)=(l,\ h)$ 实现，有 $s_{1,l}>s_{2,h}$。

证明：命题 3.4 给出了最优合约 $contract_{P2}^{1}$ 在两种不同参数条件下的两种形态，我们继续沿用这种区分，针对这两种不同的形态分别讨论。

形态 1：$0<a_2<a_1<1$，代理人 1 对委托人行贿。

形态 2：$0<a_1<a_2<1$ 且 $a_1+a_2<1$，代理人 2 对委托人行贿。

无论处于哪种形态，我们都针对 $contract_{P2}^{1}$ 做如下运算：

$$\Delta s_1 = s_{1,h} - s_{1,l} = \frac{(1-a_2)\cdot c_1^2 \cdot c_2}{(\pi_1-\pi_0)\cdot[(q_0-q_1)\cdot a_2(1-a_2)\cdot c_1^2 + (p_1-p_0)\cdot a_1(1-a_1)\cdot c_2^2]} \tag{3—66}$$

$$\Delta s_2 = s_{2,h} - s_{2,l} = \frac{(a_1-1)\cdot c_1 \cdot c_2^2}{(\pi_1-\pi_0)\cdot[(q_0-q_1)\cdot a_2(1-a_2)\cdot c_1^2 + (p_1-p_0)\cdot a_1(1-a_1)\cdot c_2^2]} \tag{3—67}$$

$$\Delta s^h = s_{1,h} - s_{2,h} = \frac{c_1\cdot c_2\cdot \pi_1\cdot[c_1\cdot(1-a_2)+c_2\cdot(1-a_1)]}{(\pi_1-\pi_0)\cdot[(q_0-q_1)\cdot a_2(1-a_2)\cdot c_1^2 + (p_1-p_0)\cdot a_1(1-a_1)\cdot c_2^2]} \tag{3—68}$$

$$\Delta s^l = s_{1,l} - s_{2,l} = \frac{c_1\cdot c_2\cdot (1-\pi_1)\cdot[c_1\cdot(a_2-1)-c_2\cdot(1-a_1)]}{(\pi_1-\pi_0)\cdot[(q_0-q_1)\cdot a_2(1-a_2)\cdot c_1^2 + (p_1-p_0)\cdot a_1(1-a_1)\cdot c_2^2]} \tag{3—69}$$

$$\Delta s^{h,l} = s_{1,h} - s_{2,l} = \frac{(1-a_2)\cdot c_1^2\cdot c_2\cdot \pi_1-(1-a_1)\cdot c_1\cdot c_2^2\cdot(1-\pi_1)}{(\pi_1-\pi_0)\cdot[(q_0-q_1)\cdot a_2(1-a_2)\cdot c_1^2 + (p_1-p_0)\cdot a_1(1-a_1)\cdot c_2^2]} \tag{3—70}$$

$$\Delta s^{l,h} = s_{1,l} - s_{2,h} = \frac{(a_2-1)\cdot c_1^2\cdot c_2\cdot (1-\pi_1)-(a_1-1)\cdot c_1\cdot c_2^2\cdot \pi_1}{(\pi_1-\pi_0)\cdot[(q_0-q_1)\cdot a_2(1-a_2)\cdot c_1^2 + (p_1-p_0)\cdot a_1(1-a_1)\cdot c_2^2]} \tag{3—71}$$

从命题 3.4 的证明中我们知道，式（3—66）至式（3—71）

的分母，无论在最优合约的哪种形态下均为正数[①]，因此对于荣誉奖励的分配规则只需关注式（3—66）至式（3—71）的分子。

无论在哪种形态下，在基准模型的设定下，显然可以发现式(3—66)、式(3—68）为正，式(3—67)、式(3—69）为负，即：

$$s_{1,h}>s_{1,l},s_{2,h}<s_{2,l},s_{1,h}>s_{2,h},s_{1,l}<s_{2,l}$$

观察式（3—70）的分子：$(1-a_2)\cdot c_1^2\cdot c_2\cdot\pi_1-(1-a_1)\cdot c_1\cdot c_2^2\cdot(1-\pi_1)$，由模型的参数限制我们可以知道式（3—70）的正负性等价于讨论$[(1-a_2)\cdot c_1+(1-a_1)\cdot c_2]\cdot\pi_1$与$(1-a_1)\cdot c_2$的大小，更进一步可划归为：$\pi_1$与临界值$\rho_1=\dfrac{1}{1+\dfrac{(1-a_2)\cdot c_1}{(1-a_1)\cdot c_2}}$的大小比较。显然，$\rho_1\in(0,1)$。因此我们可以得到以下推论：

当$\pi_1>\rho_1$时，$s_{1,h}>s_{2,l}$。

特别地，当处于形态 2 的参数设置时，由于$0<a_1<a_2<1$，因此$\dfrac{(1-a_2)\cdot c_1}{(1-a_1)\cdot c_2}<1$，我们能够得到$\rho_1$的最小值$\dfrac{1}{2}$。因此，当合约表现为形态 2 时，若$\pi_1<\dfrac{1}{2}$，即可得到$s_{1,h}<s_{2,l}$。

同理，对于式（3－71）的分子$(a_2-1)\cdot c_1^2\cdot c_2\cdot(1-\pi_1)-(a_1-1)\cdot c_1\cdot c_2^2\cdot\pi_1$的正负性讨论等价于比较$[(1-a_2)\cdot c_1+(1-a_1)\cdot c_2]\cdot\pi_1$与$(1-a_2)\cdot c_1$的大小，即：$\pi_1$与临界值$\rho_2=\dfrac{1}{1+\dfrac{(1-a_1)\cdot c_2}{(1-a_2)\cdot c_1}}$的大小比较。因此我们有以下论述：

① 这实际上是由库恩-塔克定理中拉格朗日乘子的非负性决定的。

当 $\pi_1<\rho_2$ 时，$s_{1,l}<s_{2,h}$。

特别地，当处于形态 2 的参数设置时，由于 $0<a_1<a_2<1$，因此 $\frac{(1-a_1)\cdot c_2}{(1-a_2)\cdot c_1}>1$，我们能够得到 ρ_2 的最大值 $\frac{1}{2}$。因此，当合约表现为形态 2 时，若 $\pi_1>\frac{1}{2}$，即可得到 $s_{1,l}>s_{2,h}$。

值得注意的是，当合约处于形态 2 时，由于存在 $(1-a_1)\cdot c_2>(1-a_2)\cdot c_1$，我们对于 π_1 的临界值 ρ_1 和 ρ_2 能够作出如下判断：$\rho_1>\rho_2$，故若 $\pi_1>\rho_1$，则意味着 $\pi_1>\rho_2$；同理，若 $\pi_1<\rho_2$，则意味着 $\pi_1<\rho_1$。至此，命题 3.5 得证。 ■

经济含义：命题 3.5 给出了委托人激励异质性代理人 1 和 2 都努力工作时的最优荣誉分配规则。关于这一规则，我们有以下说明：

第一，对于荣誉奖励 $s_{i,q}$，我们更加关心其序数（ordinal）含义，即对荣誉奖励做大小比较，这种比较显示了代理人对于荣誉奖励社会属性的看法。[①] 因此，在模型中，我们将代理人的荣誉胜出定义为：$\Delta s_i = s_{i,q_i} - s_{i,q_j}$，$(q_i, q_i)\in\omega$。代理人的行为方式表现为：不但期望自身的荣誉奖励较高，更为重要的是，要能造成较大的荣誉胜出。

第二，当产出状态处于最好与最差的两端（ω_1，ω_4）时，委托人为了激励全部代理人而设计的荣誉分配方案非常稳定，并不依赖于代理人与环境参数，即当总产出最大时，高能力的代理人 1 胜出，反之，当总产出最小时，低能力的代理人 2 胜出。对于这样设定的目的，在前文中，我们已经给出了一个直觉上的解释：对于高能力的代理人 1，相当于增大合约对其的激励强度（power of in-

① 关于荣誉奖励的基数性质，即其具体数值的含义，在模型中体现为工资的系数。这一系数越高，则体现为相同工资下的效用越大。

centive)，尽力避免其“跌入”低的产出状态；对于低能力的代理人 2，相当于给予其一定的“保险”，使整个博弈不会出现因某方能力胜出必定导致荣誉胜出的局面，从而避免了能力较低者完全放弃努力的情形。

第三，当产出处于中间状态（ω_2，ω_3，$q_1+q_2=h+l$）时，委托人的荣誉分配规则高度依赖于代理人的特征参数与其努力时的成功概率 π_1。在我们的基准模型中，由于委托人可以区分代理人 1 和代理 2 的各自产出，因此即使面临相同的总产出，委托人也能区分 ω_2 和 ω_3 的不同状态。具体的规则已在命题 3.5 中阐明，此处仅说明规则背后的经济逻辑。

如前文所述，由于代理人充分掌握总的能力分布，在仅有两个代理人的模型设定下，任意一方均可通过自身的能力高低推测出他人的情况。在这样的局势下，委托人在进行荣誉分配时，为了保证两个代理人都努力工作，需要考虑的最主要效应仍然是“对高能力者低产出时的惩罚”和“对低能力者维系其努力的基本保障”。若 ω_2 发生，此时高能力的代理人 1 产出较高，委托人若令代理人 1 荣誉胜出，则面临低能力的代理人 2 消极怠工的风险[①]，若令代理人 2 荣誉胜出，则不能够给予代理人 1 足够的正向激励。在这样的权衡之下，委托人将会找到一个成功概率的临界值。当成功概率相对较高[②]时，委托人对代理人 2 消极怠工的担忧不成为主要矛盾，因此拥有高能力、高产出的代理人 1 将在荣誉方面胜出；但当成功概率相对较低时，委托人更加担心的是低能力的代理人 2 消极怠工

① 这一原因在直觉上可以如此理解：首先，低能力的代理人 2 能够推测出代理人 1 为高能力者，当代理人 2 面对一个“多产多得”的合约时，她/他也会类比推测出代理人 1 也面对同样性质的合约。如此，高能力的代理人 1 将会有更大的激励努力，这样，代理人 2 的努力将在荣誉方面不能胜出，因此其会放弃努力。由此也能看出，对于低能力的代理人 2，“多产多得”的合约并不适用。

② 是指和临界值相比。其中临界值由代理人特征参数的组合生成。

（此时在同等条件下，低能力者的期望收益会更低）。出于必须让所有人努力的前提想法，委托人不得不使拥有低能力、低产出的代理人 2 荣誉胜出。若 ω_3 发生，即能力高的代理人 1 对应低产出，能力低的代理人 2 对应高产出，则此时基于我们之前的分析，面对进行类比推断的代理人 2，委托人不能将“多产多得”的合约理念应用其上，因为若如此，必将导致低能力的代理人 2 消极怠工。故代理人 2 的荣誉奖励必定出现 $s_{2,h}<s_{2,l}$ 的情形。在这样的逻辑下，代理人 2 若对应高产出，则理应获得对于她/他而言更低的荣誉。因此，在正常状况下，代理人 1 将能够荣誉胜出，除非努力的成功概率非常低。

第四，命题 3.5 还给出了当合约处于形态 2 时，即低能力的代理人向委托人行贿时，可以得到的简化结论。之所以能够得到这些简化结论，关键在于形态 2 的参数条件可以直接用于比较临界值 ρ_1 和 ρ_2 的大小，从而化简条件不等式。然而，对于形态 1 的情形，我们没有明确的结论，因此没有必要再次讨论。

第五，自然，我们也注意到，命题 3.5 中的荣誉分配规则并不依赖于是否存在某个代理人与委托人之间的“索贿—行贿”。事实上，命题 3.5 所给出的荣誉奖励规则适用于两种不同的合约形态。在之前的论述中，我们谈到了命题 3.2 所讨论的合约乃是一般规则下的一个特例。在命题 3.2 中，我们进行合约特征分析时谈到，正是由于低能力的代理人 2 与委托人之间存在“腐败”，因此委托人对她/他的激励出现扭曲：高产出对应低荣誉，低产出反而对应高荣誉。这样的说法实际上只是表象，我们的确在命题 3.2 的特殊合约里看到了代理人 2 的行贿以及反常识的荣誉分配规则，但两者之间并不存在因果关系。从命题 3.4、3.5 的一般性结论我们知道，腐败并不影响委托人的荣誉分配，但在某种程度上正是这种“奇特”的荣誉分配规则，造就了委托人的索贿

与代理人的顺从。这一荣誉分配规则看起来非常“奇怪”（odd），并不符合“多产多得”的常规直觉，也不符合“多人锦标赛理论”中的胜出原则。正是这种特殊的荣誉奖励安排，使得当委托人通过代理人的特征参数确定向哪位代理人索贿时，其所提出的荣誉奖励安排看起来极具“诱惑”，似乎正是由于代理人对委托人的行贿扭曲了原本的荣誉分配方案。正如我们在命题 3.2 中所看到的那样，一旦给出了参数条件，面对这样复杂的合约条款，代理人会直觉地将其归因为对委托人的行贿，从而再次强化了合约的稳定性。从整体来看，代理人的参数设定影响工资支付的正负，即是否存在腐败，但对于荣誉奖励的最优分配并不产生直接影响。①

在此意义下，我们重新审视组织中的索贿与行贿现象。之前的分析已经揭示，代理人的行贿并不改变最优荣誉的分配方案，只会改变双方的最终支付。考虑到行贿只是在委托人与代理人之间进行财富转移，对作为整体的参与人的总支付并没有影响，因而在基准模型下这类“腐败”行为仍然具有经济“效率”。若站在委托人的立场，这类腐败甚至是实现其目标——激励异质性代理人 1 和 2 都努力工作的必要手段。同时最优荣誉分配规则具有非一致性，即对应不同的状态实现值，不存在一个一致的分配方案。这种非一致性也给腐败提供了温床。

综合上述分析我们可看出，最优荣誉分配方案非常奇异。对比委托代理模型下的最优工资激励合约，我们知道引入荣誉奖励这一新的维度，并在多代理人的情景下讨论混合激励，彻底改变了我们以往对此问题的认知。命题 3.5 所论述的合约条件是状态依赖的，

① 实际上，代理人的特征参数还是会决定临界值 w_i 和 s_i 的大小，从而间接影响荣誉奖励的分配。

针对每一种不同的状态，荣誉分配规则都有其特殊含义，甚至在中间状态时，合约条件还依赖于代理人的参数特征。总之并不存在一个我们在标准委托代理关系中常见的“多产多得”或者标准锦标赛模型中“胜者通吃”的单一教条，这一特征体现了合约的复杂性、多样性。这种荣誉分配规则的复杂与多样恰恰能够解释为何在现实世界中，荣誉奖励的规则往往具有非常高的模糊性。考察现实中常见的荣誉奖励，例如劳动模范、优秀称号等，其通常做法是成立评奖委员会，以委员会的综合评价作为授奖依据。然而委员会的具体评价过程却大都只作原则性说明，甚至完全不予披露，基本可将其视为“黑箱”。在此程序下，参选人的“高产出”并不能必然保证其获奖。我们的模型，就给出了理解这样的经验常识的一个基本逻辑。

模型的作用在于抽象并理解现实。命题 3.5 的具体表达并不是问题的关键，其最本质的含义在于：对于委托人来说，对下属的荣誉奖励会针对不同的现实状态而改变，既不存在“多产多得”的教条，也不存在“锦标赛”式的许诺。这一特点在人类历史的经验中也可以得到验证。我们考察中国与英国都曾广泛采用的“爵位”分封的法则，来作为荣誉分配复杂性、非一致性的一个旁证。谈到爵位，大家都会将其等价于官职和品位，实际上并非如此。阎步克所著《从爵本位到官本位》一书，详细论及了这三者的关系。我们可以通过图 3—4 来简单说明。在图 3—4 中，最外围的、规模极其庞大的“民间的朝廷名号拥有者”实际上就是只拥有爵位称号、无行政职责、无薪酬俸禄、无贵族特权的单纯荣誉奖励的拥有者。图 3—4 中的不同矩形并不代表包含关系，只是对数量大小的一个形象说明。

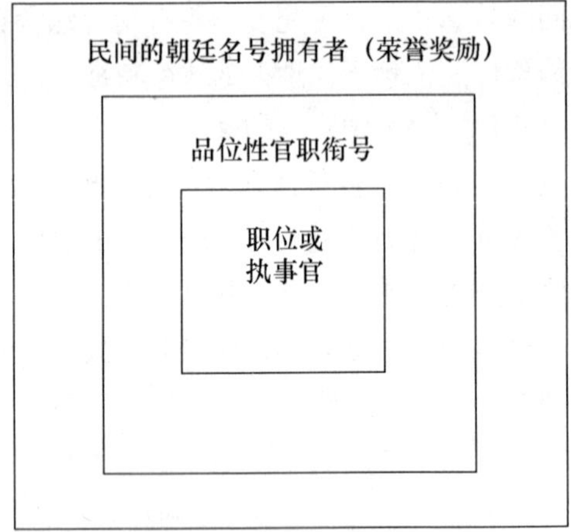

图 3—4　中国爵位与官位示意图

从图 3—4 中我们可知道，中国古代朝廷人事部门如何分配这种“名号或爵位”，实际上类似于基准模型所讨论的荣誉奖励分配问题。那么历史的经验又是怎样的呢？我们借助历史学的研究成果来说明此问题。李文才在《孙吴封爵制度研究》一文中认为，帝王凭个人的喜好封侯，从而导致“非功得爵者”大量出现，是历代爵位制度的普遍现象。历史学家认为，这种封爵的随意性在太平天国时期发展到了极致，下面两则史料对此可做旁例。

《昭王黄文英自述》中谈到：“起初是有大功才封王，到后来就乱了，由广东跟出来的都封王，本家亲戚也都封王，捐钱粮的也都封王，竟有二千七百多王。”

《李秀成自述》中谈到：“自此之后，日封日多，封这有功之人，又思那个前劳之不服，故而尽乱封之，不问何人，有人保者俱准，司任保官之部，得私肥己，故而保之。有些有银两者，欲为作乐者，用两到部，而又保之。无功偷闲之人，各又封王，外带兵之将，日夜勤劳之人，观之不忿。”可见洪秀全和天京政府在封王过

程中作过多番设计，曾力求防止弊端，可是尾大不掉，难以自解。“其后王封日滥，无以励功，于是加赐名号，司封之贼，又往往以名为戏。”

尽管太平天国封爵泛滥是其崩溃的一个原因，但作为组织，我们假定其局部的单一决策总是包含理性因素，毕竟没有哪个封建王朝延续至今。因此太平天国的泛滥封爵就可以作为命题3.5的一个历史印证——荣誉奖励的安排缺乏一致规则，在表面看来具有高度随意性。

阎步克在《中国古代官阶制度引论》中详细分析了中国古代特殊的荣誉奖励——爵位与官阶的进阶与泛授现象。作者认为相对于存在一致规则和考评体系的“考课进阶制度”①，历史上的考课往往流于形式。邓小南在其文章《关于宋代政绩考察中的“实际”：要求与现实》中认为，尽管王朝强调考课必须重视“实迹”，但“实迹”最终也转变为套话，大都在以“考课”之名，行“恩赐”之实。这种普遍的个人“赐予”制度，自然具有高度的随意性和非一致性。不过观察现代各国的文官考课，同样经常流于形式，不独中国古代为然。

命题3.4证明了在情形1实现的状态下，存在这样的可能：委托人向代理人索贿，声称可以授予其较高的荣誉奖励，在一定的参数限制下，代理人为了更高的荣誉，会满足委托人的要求，对其进行反向支付。这一结论在历史中也能找到典型例证。

关于爵位这种特殊荣誉奖励，中国和世界历史上还有一种奇特的现象——“卖官鬻爵”。事实上，“鬻爵”与“卖官”并不等同。在这里，我们只谈“鬻爵”，它是指售卖那些不能带来任何物质利

① 所谓考课进阶制度，简单来说就是对于荣誉或官位的授予具有某种一致的规则或评价体系，针对个人的表现，严格对比规章进行考评。

益或其他特权的荣誉奖励。在现实中，也的确如此，大量的爵位只能带来身份上的区分或精神上的满足。例如，阎步克在其所著《中国古代官阶制度引论》中谈到，在中国历史的早期，对向国家贡献财物者授爵，被认为是正当的，并且有爵位者出任“吏人”也不是什么太大的便宜，只是一份差使，甚至是苦差。比如汉武帝时期，平民可以凭借“千夫”与“五大夫”的爵号做郎吏，但朝廷规定，不想为吏就得另外出马匹来冲抵。原因在于，郎吏的主要任务是伐林、开池等繁重劳动，此时爵位带来的“特权”甚至是众人都想逃避的劳役。汉初的郎官不但无任何薪俸，一度还必须向官府交钱，这就类似于模型所揭示的，某种类型的代理人为了纯粹的精神象征物——荣誉奖励而自愿付出钱财。同时，官府也并不是对任何人都售卖“爵位”，而只是面向特殊的群体，或者对于愿意支付钱财购买爵位者进行进一步非公开的“赀选”[①]。这就类似于本书模型中，委托人根据所掌握的代理人特征信息确定具体应向哪位代理人索贿。这种情形不仅出现在中国，实际上在全球主要文明中都较为普遍。

正如王晋新在其1998年所写《论早期斯图亚特王朝的封爵政策及其后果》一文中所述，历代王朝的统治者们在封爵事务上都力图保持较严谨的态度。尽管由于个人的宠爱偏好作祟，君王常常对某些人恩宠有加，封以高位、赐以厚禄，但保持表面上的公允仍是他们所不得不遵循的一个起码的准则。但“量功赐赏”之类的一般准则在爵位授予的实际操作中很少被正式遵循。早期英国斯图亚特王朝统治时期，詹姆士一世增设了一个以往不曾有的爵秩“从男爵”（baronet），其品位介于男爵与骑士之间，其封号可以世袭，

① 赀选：本指西汉时，除有市籍的商人外，凡向政府缴纳一定资财的，皆可到京师长安等候政府选用。后凡出钱捐官都称“赀选”。赀，通“资”。

但无列席国会上院的特权，更无任何行政执法权，仅为身份象征。该爵秩始设于 1611 年，到 1649 年时，斯图亚特王朝早期的两代君主共封授了 417 位从男爵。但晋封并不代表早期斯图亚特王朝的主要风格，恰恰相反，随意滥封、宠信无度及鬻卖爵秩才是詹姆士一世、查理一世两代君王的一贯做派。

历史的案例一定不能完全符合模型的假设，但作为理性组织的经验现实，却可以被 3.3 节所揭示的主要结论和命题所解释。至此，我们完成了 3.3.3 节的中心问题：情形 1 下的最优合约设计及其性质讨论。回顾 3.3.1 节中我们描述的基准模型的求解步骤，我们知道，这仅仅完成了基准模型研究的四分之一，我们需要采用类似的方法讨论在其他三种情形下的最优合约，并对比委托人在每种情形下的收益高低。基于此，我们需要对情形 1 下委托人的最大效用进行刻画，这一结论由推论 3.2 给出。

推论 3.2：当 $contract_{P2}^{1}$ 存在时，情形 1 下委托人的最大期望效用值可表示为：

$$V_1^* = 2 \cdot \pi_1 \cdot (h-l) + 2 \cdot l - X \tag{3—72}$$

式中，

$$\begin{aligned} X &= \frac{c_1 \cdot a_2 \cdot (q_0 - q_1) - a_1 \cdot c_2}{(1-a_1) \cdot c_2} + \frac{c_2 \cdot a_1 \cdot (p_0 - p_1) - a_2 \cdot c_1}{(1-a_2) \cdot c_1} \\ &= \frac{[(q_0 - q_1) \cdot a_2 (1-a_2) \cdot c_1^2 + (p_1 - p_0) \cdot a_1 (1-a_1) \cdot c_2^2]}{(1-a_1) \cdot (1-a_2) \cdot c_1 \cdot c_2} \\ &\quad - \frac{a_1 + a_2 - 2 \cdot a_1 \cdot a_2}{(1-a_1) \cdot (1-a_2)} \end{aligned}$$

证明：将最优合约 $contract_{P2}^{1}$ 代入委托人在情形 1 下的期望效用函数式（3—6），化简即可得。对于 V_1^*，此处暂不展开。当对其他三种情形下委托人的最大期望效用 V_2^*，V_3^*，V_4^* 都了解之

后，我们再来对其进行整体比较、讨论。

在 3.3.3 节中，我们对于最优化问题的建模、库恩-塔克条件的应用、$P1$ 与 $P2$ 问题的等价性都做了详尽的分析。之所以如此，是因为在后文讨论情形 2、3、4 时，所依据的思路和基本方法与 3.3.3 节高度相似。因此作为继承，在进行情形 2、3、4 下的最优合约设计问题的研究时，将不再赘述相关的步骤和方法。除了说明与情形 1 讨论的区别之外，一般情况只给出相应的结论。

3.3.4 情形 2（代理人 1 努力工作，代理人 2 不努力工作）下的最优合约设计

对照假设 3，委托人在情形 2 下的期望效用函数可以表示为：

$$
\begin{aligned}
EV_2 = & \pi_1 \cdot \pi_0 \cdot (2 \cdot h - w_{1,h} - w_{2,h}) \\
& + \pi_1 \cdot (1-\pi_0) \cdot (h + l - w_{1,h} - w_{2,l}) \\
& + (1-\pi_1) \cdot \pi_0 \cdot (l + h - w_{1,l} - w_{2,h}) \\
& + (1-\pi_1) \cdot (1-\pi_0) \cdot (2 \cdot l - w_{1,l} - w_{2,l}) \quad (3\text{—}73)
\end{aligned}
$$

和情形 1 的逻辑类似，委托人在进行最优合约设计时，同样必须考虑到代理人 1 和 2 的参与约束、激励相容条件。我们直接给出情形 2 中委托人所面临的最优化问题：

$$
\begin{aligned}
& \max_{\{(w_{i,q}, s_{i,q}), i=1,2; q=l,h\}} EV_2 \\
= & \pi_1 \cdot \pi_0 \cdot (2 \cdot h - w_{1,h} - w_{2,h}) \\
& + \pi_1 \cdot (1-\pi_0) \cdot (h + l - w_{1,h} - w_{2,l}) \\
& + (1-\pi_1) \cdot \pi_0 \cdot (l + h - w_{1,l} - w_{2,h}) \\
& + (1-\pi_1) \cdot (1-\pi_0) \cdot (2 \cdot l - w_{1,l} - w_{2,l}) \\
& s.t. \\
& EU_{1,e_1=1} \geqslant 0 \qquad EU_{2,e_2=0} \geqslant 0 \\
& EU_{1,e_1=1} \geqslant EU_{1,e_1=0}
\end{aligned}
$$

$$EU_{2,e_2=0} \geqslant EU_{2,e_2=1} \tag{3—74}$$

值得注意的是，在优化问题（3—74）中，我们已经将工资支付非负的这一约束条件“$w_{1,h} \geqslant 0$；$w_{1,l} \geqslant 0$；$w_{2,h} \geqslant 0$；$w_{2,l} \geqslant 0$”去掉，目的在于将可行集放松后，再来讨论代理人参数的改变如何影响情形 2 的实现以及最优合约的形式。我们看到，情形 2 下的优化问题与情形 1 相比，最大的区别体现在目标函数以及代理人的参与约束、激励相容条件的改变上。

在计算之前，我们观察情形 1 下类似的计算结果（3—31）至（3—38），发现拉格朗日乘子与工资的表达式并不依赖于成功概率 π_1 或 π_0，因此我们猜测：在情形 2 中拉格朗日乘子与工资将不发生改变。基于谨慎的考虑，我们依据同样的试错程序求解由式（3—74）的库恩-塔克条件所构成的方程组的内点解，具体形式如下：

$$\lambda_1 = \frac{(q_0-q_1) \cdot a_2(1-a_2) \cdot c_1^2 + (p_1-p_0) \cdot a_1(1-a_1) \cdot c_2^2}{(1-a_1) \cdot (1-a_2) \cdot c_1^2 \cdot c_2} \tag{3—75}$$

$$\lambda_2 = \frac{(q_0-q_1) \cdot a_2(1-a_2) \cdot c_1^2 + (p_1-p_0) \cdot a_1(1-a_1) \cdot c_2^2}{(1-a_1) \cdot (1-a_2) \cdot c_1 \cdot c_2^2} \tag{3—76}$$

$$s_{1,h} = \frac{(1-a_2) \cdot c_1^2 \cdot c_2 \cdot \pi_1}{(\pi_1-\pi_0) \cdot [(q_0-q_1) \cdot a_2(1-a_2) \cdot c_1^2 + (p_1-p_0) \cdot a_1(1-a_1) \cdot c_2^2]} \tag{3—77}$$

$$s_{1,l} = \frac{(a_2-1) \cdot c_1^2 \cdot c_2 \cdot (1-\pi_1)}{(\pi_1-\pi_0) \cdot [(q_0-q_1) \cdot a_2(1-a_2) \cdot c_1^2 + (p_1-p_0) \cdot a_1(1-a_1) \cdot c_2^2]} \tag{3—78}$$

$$s_{2,h} = \frac{(a_1-1) \cdot c_1 \cdot c_2^2 \cdot \pi_0}{(\pi_1-\pi_0) \cdot [(q_0-q_1) \cdot a_2(1-a_2) \cdot c_1^2 + (p_1-p_0) \cdot a_1(1-a_1) \cdot c_2^2]} \tag{3—79}$$

$$s_{2,l}=\frac{(1-a_1)\cdot c_1\cdot c_2^2\cdot(1-\pi_0)}{(\pi_1-\pi_0)\cdot[(q_0-q_1)\cdot a_2(1-a_2)\cdot c_1^2+(p_1-p_0)\cdot a_1(1-a_1)\cdot c_2^2]} \tag{3—80}$$

$$w_{1,h}=w_{1,l}=\frac{c_1\cdot a_2\cdot(q_0-q_1)-a_1\cdot c_2}{(1-a_1)\cdot c_2} \tag{3—81}$$

$$w_{2,h}=w_{2,l}=\frac{c_2\cdot a_1\cdot(p_0-p_1)-a_2\cdot c_1}{(1-a_2)\cdot c_1} \tag{3—82}$$

计算结果与我们的预期一致：拉格朗日乘子与工资支付均未发生改变。若 λ_1 和 λ_2 不改变，则之前引理 3.1 所讨论的参数条件就可以保证拉格朗日乘子的非负性，从而使得式（3—75）至式（3—82）“真正”构成方程组的解，并最终形成式（3—74）中的最优合约；若工资支付的表达式 $w_{1,q}$，$w_{2,q}$，$q\in\{h, l\}$ 不发生改变，则在情形 1 下，命题 3.3、命题 3.4 对于工资的反向支付的讨论同样适用于情形 2，即：保证情形 2 得以实现的最优合约，同样蕴涵着委托人基于荣誉奖励的“诱惑”而向特定的代理人索贿的“腐败均衡”。关于此种均衡及其条件，我们不再赘述，而将重点置于情形 2 下委托人最优荣誉奖励分配规则与最大期望效用的讨论。

对比情形 1 下的荣誉分配规则，我们发现：代理人 1 的最优荣誉奖励 $s_{1,q}$，$q\in\{h, l\}$ 的表达式没有发生改变，代理人 2 的荣誉奖励则由情形 1 下的

$$s_{2,h}^1=\frac{(a_1-1)\cdot c_1\cdot c_2^2\cdot\pi_1}{(\pi_1-\pi_0)\cdot[(q_0-q_1)\cdot a_2(1-a_2)\cdot c_1^2+(p_1-p_0)\cdot a_1(1-a_1)\cdot c_2^2]}$$

$$s_{2,l}^1=\frac{(1-a_1)\cdot c_1\cdot c_2^2\cdot(1-\pi_1)}{(\pi_1-\pi_0)\cdot[(q_0-q_1)\cdot a_2(1-a_2)\cdot c_1^2+(p_1-p_0)\cdot a_1(1-a_1)\cdot c_2^2]}$$

转变为：

$$s_{2,h}^{2}=\frac{(a_1-1)\cdot c_1\cdot c_2^2\cdot \pi_0}{(\pi_1-\pi_0)\cdot[(q_0-q_1)\cdot a_2(1-a_2)\cdot c_1^2+(p_1-p_0)\cdot a_1(1-a_1)\cdot c_2^2]}$$

$$s_{2,l}^{2}=\frac{(1-a_1)\cdot c_1\cdot c_2^2\cdot (1-\pi_0)}{(\pi_1-\pi_0)\cdot[(q_0-q_1)\cdot a_2(1-a_2)\cdot c_1^2+(p_1-p_0)\cdot a_1(1-a_1)\cdot c_2^2]}$$

对比这两组表达，其形式存在明显差异（分子上的成功概率由 π_1 变为 π_0）。

结合模型假设 $\pi_1>\pi_0$，简单观察即可知，情形 2 下的荣誉奖励在数值大小上和情形 1 相比有如下特征：

引理 3.5：在高低两种不同的产出状态下，情形 2 中代理人 2 所获得的荣誉奖励在数值上均高于其在情形 1 中的所得；但代理人 2 在两种状态下荣誉奖励的差值（$\Delta s_2=s_{2,h}-s_{2,l}$）却和情形 1 时相等，即：

$$\Delta s_2^1=\Delta s_2^2=\frac{(a_1-1)\cdot c_1\cdot c_2^2}{(\pi_1-\pi_0)\cdot[(q_0-q_1)\cdot a_2(1-a_2)\cdot c_1^2+(p_1-p_0)\cdot a_1(1-a_1)\cdot c_2^2]}$$

根据本书的设定，对于荣誉奖励，我们除了在意其绝对数值的大小之外，更加关注其序数性，即在不同状态，不同代理人之间的相对比较。按照情形 1 的逻辑，此时我们应该参照命题 3.5 对代理人 1 和 2 所生成的四种产出组合分别讨论其对应的最优荣誉分配规则。但在进行这个步骤之前，我们首先研究情形 2 下的委托人通过最优合约 $contract_{P2}^{2}$ 所能得到的最大期望效用。①

与推论 3.2 类似，当情形 2 下委托人的最优合约设计问题有解时，将最优工资代入式（3—73），我们就能得到在此情形下委托人

① 事实上，在具体行文过程中，我们首先计算了委托人的最大期望效用，但是基于文章的逻辑与简洁，对此做了前后顺序的调整。

的最大期望效用。

推论 3.3：当 $contract_{P2}^{2}$ 存在时，情形 2 下委托人的最大期望效用值可表示为：

$$V_2^* = (\pi_1 + \pi_0) \cdot (h - l) + 2 \cdot l - X \tag{3—83}$$

其中，

$$\begin{aligned} X &= \frac{c_1 \cdot a_2 \cdot (q_0 - q_1) - a_1 \cdot c_2}{(1 - a_1) \cdot c_2} + \frac{c_2 \cdot a_1 \cdot (p_0 - p_1) - a_2 \cdot c_1}{(1 - a_2) \cdot c_1} \\ &= \frac{[(q_0 - q_1) \cdot a_2 (1 - a_2) \cdot c_1^2 + (p_1 - p_0) \cdot a_1 (1 - a_1) \cdot c_2^2]}{(1 - a_1) \cdot (1 - a_2) \cdot c_1 \cdot c_2} \\ &\quad - \frac{a_1 + a_2 - 2 \cdot a_1 \cdot a_2}{(1 - a_1) \cdot (1 - a_2)} \end{aligned}$$

推论 3.3 的结论可以省去我们对于委托人在情形 2 下如何进行最优荣誉分配的讨论。原因在于，对比式（3—83）与式（3—72），在模型的基本假设下，我们可知 $V_2^* < V_1^*$，即委托人在情形 2 下所能得到的最大期望效用低于情形 1 时的效用，因此理性的委托人一定不会期望情形 2 得以发生，自然也就没有必要讨论在此状态下的最优荣誉分配规则。这一逻辑将对其他情形（情形 3、情形 4）下最优合约的讨论同样适用。

3.3.5 情形 3 与情形 4 下的最优合约设计

有了对于前两种情形的讨论，根据代数运算的对称性法则（仅对求解过程中的成功概率 π_0 或 π_1 做适当替换），情形 3 和情形 4 中的最优合约通过简单类比就能得到，因此在本节中对两种情形做合并分析。

首先，我们需要列出情形 3（代理人 1 不努力工作，代理人 2 努力工作）和情形 4（代理人 1 和代理人 2 都不努力工作）下的委托人期望效用函数：

$$\begin{aligned}EV_3 =&\pi_0 \cdot \pi_1 \cdot (2 \cdot h - w_{1,h} - w_{2,h})\\&+\pi_0 \cdot (1-\pi_1) \cdot (h+l-w_{1,h}-w_{2,l})\\&+(1-\pi_0) \cdot \pi_1 \cdot (l+h-w_{1,l}-w_{2,h})\\&+(1-\pi_0) \cdot (1-\pi_1) \cdot (2 \cdot l - w_{1,l} - w_{2,l})\end{aligned} \tag{3—84}$$

$$\begin{aligned}EV_4 =&\pi_0^2 (2 \cdot h - w_{1,h} - w_{2,h})\\&+\pi_0 \cdot (1-\pi_0) \cdot (h+l-w_{1,h}-w_{2,l})\\&+(1-\pi_0) \cdot \pi_0 \cdot (l+h-w_{1,l}-w_{2,h})\\&+(1-\pi_0)^2 \cdot (2 \cdot l - w_{1,l} - w_{2,l})\end{aligned} \tag{3—85}$$

观察情形 2 中的解，我们知道拉格朗日乘子与工资函数均不发生变化，需要变动的是荣誉奖励中的成功概率。注意到对于情形 2，代理人 1 仍然“努力”，其荣誉奖励相对于情形 1 也并无变化。而代理人 2 的荣誉奖励则不然。对比情形 1，代理人 2 由“努力”转变为“不努力”，这一变化体现在其荣誉奖励的表达式中即为：其分子上的成功概率由 π_1 变为 π_0。同理，根据代数运算的对称性法则，相对于情形 1，我们仅仅需要对代理人 1 荣誉奖励的表达式稍作调整，将其分子中的成功概率替换为 π_0，自然可以得出情形 3 中的代理人 1 和代理人 2 的荣誉奖励：

$$s_{1,h}^3 = \frac{(1-a_2) \cdot c_1^2 \cdot c_2 \cdot \pi_0}{(\pi_1 - \pi_0) \cdot [(q_0 - q_1) \cdot a_2(1-a_2) \cdot c_1^2 + (p_1 - p_0) \cdot a_1(1-a_1) \cdot c_2^2]}$$

$$s_{1,l}^3 = \frac{(a_2 - 1) \cdot c_1^2 \cdot c_2 \cdot (1-\pi_0)}{(\pi_1 - \pi_0) \cdot [(q_0 - q_1) \cdot a_2(1-a_2) \cdot c_1^2 + (p_1 - p_0) \cdot a_1(1-a_1) \cdot c_2^2]}$$

$$s_{2,h}^3 = \frac{(a_1 - 1) \cdot c_1 \cdot c_2^2 \cdot \pi_1}{(\pi_1 - \pi_0) \cdot [(q_0 - q_1) \cdot a_2(1-a_2) \cdot c_1^2 + (p_1 - p_0) \cdot a_1(1-a_1) \cdot c_2^2]}$$

$$s_{2,l}^{3}=\frac{(1-a_1)\cdot c_1\cdot c_2^2\cdot(1-\pi_1)}{(\pi_1-\pi_0)\cdot[(q_0-q_1)\cdot a_2(1-a_2)\cdot c_1^2+(p_1-p_0)\cdot a_1(1-a_1)\cdot c_2^2]}$$

同理，我们可以将情形 3 中代理人所得的荣誉奖励与情形 1 做对比。

引理 3.6：在高低两种不同的产出状态下，情形 3 中代理人 1 所获得的荣誉奖励在数值上均低于其在情形 1 中所得；但代理人 1 在两种状态下荣誉奖励的差值（$\Delta s_1=s_{1,h}-s_{1,l}$）却和情形 1 时相等，即：

$$\Delta s_1^3=\Delta s_1^1=\frac{(1-a_2)\cdot c_1^2\cdot c_2}{(\pi_1-\pi_0)\cdot[(q_0-q_1)\cdot a_2(1-a_2)\cdot c_1^2+(p_1-p_0)\cdot a_1(1-a_1)\cdot c_2^2]}$$

对于情形 4，代数运算上的结论会更加直接。观察委托人的期望效用函数，对比情形 1，只需要将成功概率全部由 π_1 替换为 π_0 即可。在均衡合约的求解中，与前三种情形类似，由于拉格朗日乘子与均衡工资都不依赖于成功概率，因此我们只给出情形 4 中代理人 1 和代理人 2 荣誉奖励的表达式：

$$s_{1,h}^{4}=\frac{(1-a_2)\cdot c_1^2\cdot c_2\cdot\pi_0}{(\pi_1-\pi_0)\cdot[(q_0-q_1)\cdot a_2(1-a_2)\cdot c_1^2+(p_1-p_0)\cdot a_1(1-a_1)\cdot c_2^2]}$$

$$s_{1,l}^{4}=\frac{(a_2-1)\cdot c_1^2\cdot c_2\cdot(1-\pi_0)}{(\pi_1-\pi_0)\cdot[(q_0-q_1)\cdot a_2(1-a_2)\cdot c_1^2+(p_1-p_0)\cdot a_1(1-a_1)\cdot c_2^2]}$$

$$s_{2,h}^{4}=\frac{(a_1-1)\cdot c_1\cdot c_2^2\cdot\pi_0}{(\pi_1-\pi_0)\cdot[(q_0-q_1)\cdot a_2(1-a_2)\cdot c_1^2+(p_1-p_0)\cdot a_1(1-a_1)\cdot c_2^2]}$$

$$s_{2,l}^{4}=\frac{(1-a_1)\cdot c_1\cdot c_2^2\cdot(1-\pi_0)}{(\pi_1-\pi_0)\cdot[(q_0-q_1)\cdot a_2(1-a_2)\cdot c_1^2+(p_1-p_0)\cdot a_1(1-a_1)\cdot c_2^2]}$$

和之前的分析类似，这一结果同样需要和情形 1 中代理人的荣誉奖励做对比，结论由引理 3.7 给出。

引理 3.7：在高低两种不同的产出状态下，情形 4 中代理人 1 所获得的荣誉奖励在数值上均低于其在情形 1 中的所得；代理人 2 所获得的荣誉奖励在数值上均高于其在情形 1 中的所得。同时代理人 1 和代理人 2 在两种状态下荣誉奖励的差值（$\Delta s_1=s_{1,h}-s_{1,l}$，$\Delta s_2=s_{2,h}-s_{2,l}$）均和情形 1 时相等，即：

$$\Delta s_1^4=\Delta s_1^1=\frac{(1-a_2)\cdot c_1^2\cdot c_2}{(\pi_1-\pi_0)\cdot[(q_0-q_1)\cdot a_2(1-a_2)\cdot c_1^2+(p_1-p_0)\cdot a_1(1-a_1)\cdot c_2^2]}$$

$$\Delta s_2^4=\Delta s_2^1=\frac{(a_1-1)\cdot c_1\cdot c_2^2}{(\pi_1-\pi_0)\cdot[(q_0-q_1)\cdot a_2(1-a_2)\cdot c_1^2+(p_1-p_0)\cdot a_1(1-a_1)\cdot c_2^2]}$$

讨论完情形 3 和情形 4 下的最优合约之后，我们需要分别计算不同情形下委托人所能够得到的最大期望效用，计算方法与之前完全一致。将不同的均衡合约代入其相应的期望效用函数中，最终我们将得到推论 3.4。

推论 3.4：当 $contract_{P2}^3$ 存在时，情形 3 下委托人的最大期望效用值可表示为：

$$V_3^*=(\pi_1+\pi_0)\cdot(h-l)+2\cdot l-X \tag{3—86}$$

当 $contract_{P2}^4$ 存在时，情形 4 下委托人的最大期望效用值可表示为：

$$V_4^*=2\cdot\pi_0\cdot(h-l)+2\cdot l-X \tag{3—87}$$

式中，

$$X=\frac{c_1\cdot a_2\cdot(q_0-q_1)-a_1\cdot c_2}{(1-a_1)\cdot c_2}+\frac{c_2\cdot a_1\cdot(p_0-p_1)-a_2\cdot c_1}{(1-a_2)\cdot c_1}$$

$$=\frac{[(q_0-q_1)\cdot a_2(1-a_2)\cdot c_1^2+(p_1-p_0)\cdot a_1(1-a_1)\cdot c_2^2]}{(1-a_1)\cdot(1-a_2)\cdot c_1\cdot c_2}$$
$$-\frac{a_1+a_2-2\cdot a_1\cdot a_2}{(1-a_1)\cdot(1-a_2)}$$

此时，我们综合对比这四种不同情形下委托人的最大期望效用。根据模型中对于成功概率的假设，我们显然可以得到以下大小关系：

$$V_1^*>V_2^*=V_3^*>V_4^* \tag{3—88}$$

这一大小关系也是比较符合我们的直觉的。对于委托人来说，考虑到代理人失败的可能，两个代理人都努力时的期望收益也应该明显高于其他状态。我们建立命题 3.6 来对这一不等式关系进行更深入的阐述。

命题 3.6： 理性的委托人只会选择最优合约 $contract_{P2}^{1}$，从而使得情形 1（代理人 1 和 2 均努力工作）的状态得以实现，其他情形则不能实现。

命题 3.6 的证明是显然的。既然委托人预期到不同均衡合约所带来的期望效用，根据逆向归纳的原则，委托人自然会选择使得自己期望效用最高的均衡合约。这一命题背后的逻辑在于：由于情形 2、3、4 下的最优合约 $contract_{P2}^{n}$（$n=2$，3，4）的工资支付和情形 1 中的状况完全一致，也就是说，在物质成本方面，委托人在这四种情形下的期望收益是无差异的，此时，如何运用无成本的荣誉奖励（即荣誉奖励不进入委托人的效用函数）成为问题的关键。当考虑到代理人存在高产出失败的可能，最大限度降低总产出的失败概率就是委托人的最优选择。只要恰当地分配荣誉奖励就能够使得代理人 1 和 2 都努力工作，而这种状态恰恰对应了委托人的最高期望收益，因此这个决定自然成为最终的均衡合约，即 $contract_{P2}^{1}$ 所对应的情形 1。

值得一提的是，情形1的实现也表明了，当委托人确知异质性代理人的“私人信息”——能力的高低以及个人的具体产出之后，“逆向选择”在基准模型中就已完全消失，异质性代理人面临的真正抉择只有“道德风险”，因此自然不会出现经典逆向选择中的“分离均衡”。如何将逆向选择因素也加入我们的研究中，正是后文对基准模型所做的扩展。这里的信息不对称来自委托人对于异质性代理人的能力高低不确知，即完全非完美信息。

至此，我们对于基准模型的刻画有了基本结论，即高能激励最终成为委托人唯一的最优选择。而命题3.5与推论2所刻画的$contract_{P2}^{1}$成为基准模型中唯一的均衡合约。

3.3.6　基准模型中最优合约的比较静态分析

在3.3.5节中，我们对静态基准模型下的最优合约已经作出了刻画。在本节中，我们将重点关注最优合约$contract_{P2}^{1}$的比较静态性质。这种分析的目的在于揭示最优合约如何伴随经济环境、博弈参与人的特征变化而改变。当然，进行比较静态分析的前提是，基准模型的信息结构保证了委托人能够对代理人的特有信息有全面的认知，在此基础上委托人才能针对不同的代理人有所偏好、选择。

在基准模型中，有两组参数特别值得我们讨论：一是用来描述代理人1和2对于荣誉奖励的社会比较功能的看重程度——a_1，a_2；一是用来刻画代理人由于自身选择差异而造成的信念偏误——$\mu_1=p_0-p_1$，$\mu_2=q_0-q_1$。回忆信念偏误的定义，μ_1表示代理人1随着自身努力程度的改变而产生的对于代理人2努力概率的猜测偏误，μ_2的定义类似。这两组参数的引入是基准模型区别于标准委托代理框架的独特之处。对于其他参数，例如异质性代理人的边际成本、产出高低、成功概率等经济环境变量的比较静态，由于符合常规经济直觉的情形，我们就不做特别分析。

考虑最优合约 $contract_{P2}^{1}$ 下委托人的最大期望效用：

$$V_1^* = 2 \cdot \pi_1 \cdot (h-l) + 2 \cdot l - \frac{c_1 \cdot a_2 \cdot \mu_2 - a_1 \cdot c_2}{(1-a_1) \cdot c_2} - \frac{c_2 \cdot a_1 \cdot \mu_1 - a_2 \cdot c_1}{(1-a_2) \cdot c_1} \tag{3—89}$$

首先，我们将讨论代理人信念偏误的变化对委托人最大期望效用的影响。回忆我们在命题 3.2 中所得到的最优合约 $contract_{P2}^{1}$ 存在的充分条件——$\frac{a_2}{c_2} \gg \frac{a_1}{c_1}$。这一条件的成立并不依赖于代理人的信念偏误，因此，若需要针对其做关于委托人的比较静态分析，只需要对式（3—89）做相应的边际分析即可。以下的引理 3.8 则是其求导结果。

引理 3.8： $\frac{\partial V_1^*}{\partial \mu_1} = -\frac{a_1 \cdot c_2}{(1-a_2) \cdot c_1} < 0$；$\frac{\partial V_1^*}{\partial \mu_2} = -\frac{a_2 \cdot c_1}{(1-a_1) \cdot c_2} < 0$，即委托人能够通过合约得到的最大期望效用与代理人的选择性信念偏误反向变动。

引理 3.8 的结果是显然的，但我们需要对代理人的“选择性信念偏误反向变动”作出进一步解释。引理 3.8 揭示了，这种偏误越大，则委托人所能够获得的效用越小。一个自然的疑问是，此种“偏误变大”的具体含义如何理解，又表明经济环境发生了怎样的改变?

直觉来看，代理人相信，对手战胜自己的概率取决于双方的成功概率，而成功概率又依赖于双方的努力程度，因此代理人用来评估双方荣誉奖励孰高孰低的概率就基本来源于对对手努力概率的猜测。根据我们的定义，如果代理人的选择性信念偏误变大，则意味着以下三种情形可能发生：

第一，自身努力时对他人努力的概率猜测变小，即 p_0 和 q_0 不变，p_1 和 q_1 变小；

第二，自身不努力时对他人努力的概率猜测变大，即 p_1 和 q_1 不变，p_0 和 q_0 变大；

第三，前两种情形都发生。

无论哪种情形，我们都可以理解为：代理人变得“更加极端”了。这种极端体现在：当代理人自身不努力时，她/他同时也低估对手（其他代理人）在荣誉奖励方面“战胜”自己的概率，表现为“更加乐观”；但当其自身努力时，却倾向于高估他人努力的概率，从而认为自身更有可能在荣誉奖励方面失败，表现为“更加悲观”。当然，这里有一个因果问题，到底是由于代理人过于乐观才会选择不努力，还是恰恰相反——代理人选择不努力只是由于其性格特质较为乐观呢？对于这个问题，在引理 3.8 中表现为后者。在基准模型中，选择性偏误被视为外生因素，我们对其做比较静态分析。

引理 3.8 向我们揭示了，如果委托人所面对的代理人更为“极端”、更为不理性，则委托人所能够达到的期望效用也将更低。因此，从这个角度来说，相对于“极端化”、“非理性化”的代理人，无论其是否“过于乐观”抑或“过于悲观”，委托人都更为“乐意”与理性的、不存在选择性偏误的代理人缔约。我们通过命题 3.7 归纳这一发现。

命题 3.7：当异质性代理人的选择性信念偏误加大时，即在自身努力时“过于悲观”或者在自身不努力时“过于乐观”，都将降低委托人通过最优合约 $contract_{P2}^{1}$ 所能获取的最大期望效用。因此，若委托人可以选择代理人，则委托人更乐于同选择性偏误较低的“中性”代理人缔约而非“乐观者”或“悲观者”。

经济含义：这一命题的背后直觉与其在数学上的证明相比，并不显然。乐观者在均衡条件下竟然更加倾向于选择不努力，然而最优合约 $contract_{P2}^{1}$ 的目的却与之相反，因而对于乐观者，满足其激励相容条件会变得更加困难，故而委托人对于乐观者的激励成本会

增加；悲观者尽管出于担心荣誉比较中的失败，会更有可能选择努力，然而出于同样的原因，也大大降低了其加入博弈同委托人缔约的愿望，因而对于悲观者，满足其参与约束的条件会变得更加困难，这同样会增加委托人的激励成本。无论上述哪种因素，都在事实上降低了委托人使用最优合约 $contract_{P2}^{1}$ 所能得到的最大收益。

我们试图用模拟的方式（图 3—5）[①] 直观地展示委托人的最大期望收益如何伴随代理人的信念偏误而改变。观察图 3—5，不难验证引理 3.8 的结论。

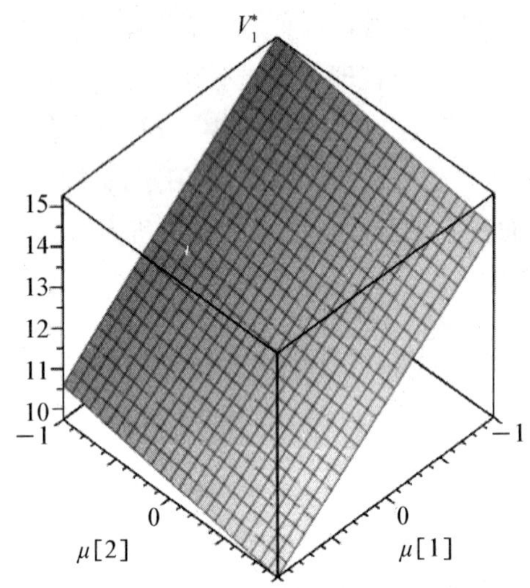

图 3—5　*contract*$_{P2}^{1}$ 下委托人的最大期望效用与代理人的信念偏误关系的 3D 示意图

注：本示意图要求选择性偏误在定义区间 [−1，1] 内变动，同时选取了一组外生参数：{$c_1=2$，$c_2=4$，$a_1=0.5$，$a_2=0.6$，$\pi_1=0.8$，$l=3$，$h=6$}。

---

① 采用 Maple16，命令为："plot3d (12.50000000 − .4285714286 * mu[2] − 2.333333333 * mu [1], mu [1] = −1..1, mu [2] = −1..1, style = PATCH, linestyle = solid, symbol = box, labels = ['mu [1]', 'mu [2]', ""])"。

需要注意的是，命题 3.7 中对于“乐观者”与“悲观者”的描述，实际上都是基于代理人的选择。我们将具有如此特质的代理人描述为具有信念偏误的、不理性的人。事实上，在现实经济和组织当中，这种“非理性”的认知偏差往往是常态。

前文已经引述了心理学家对于这种认知偏差的看法，并谈及优于常人效应。在这里，我们将系统地引用心理学的概念和发现，以对此现象及其深层动机作出更为全面的其他佐证。在心理学领域，类似现象被定义为“社会比较中的认知偏差”（cognitive bias in social comparisons），这种偏差在目前的文献中有两种模式：

第一，“优于常人效应”（better-than-average effects）。早期的研究显示，人们报告的自己完成一些较为常见、简单的任务的能力要优于一般的人，如“与他人很好地相处”、“对鼠标的操作”等（Kruger，1999）；另有研究发现，公司 37%的职业工程师认为自己的能力位于该公司所有工程师的前 5%（Zenger，1992），25%的毕业班学生认为自己与他人交往的能力要位于其学校所有毕业生的前 1%（Board，1976）。这些结论显然和基本的统计原理相冲突。近期的研究也得出了相似的观点，夫妻双方往往会过高地估计自己在做一些常见家务劳动时的贡献，如洗碗（Kruger and Savitsky，2006）；而当竞争双方在面对共同收益这样一种结果时，他们通常会过高地估计自己胜出的概率（Moore and Kim，2003）。

第二，“差于常人效应”（worse-than-average effects）。当任务复杂或成功的几率极小时，人们往往认为自己（能力）要差于一般人（Moore，2007）；个体在比较经历一些普遍事件的机会时，认为自己经历这些事件的可能性要大于普通人；在比较自己经历一些罕见事件的机会时，认为自己经历这些事件的可能性要小于普通人。

这两种效应[①]和模型中代理人的选择性偏误可以形成自然的对应。高估自己获胜概率的“乐观者”，表现为 p_1 和 q_1 不变，p_0 和 q_0 较大，这就相当于相信自己“优于常人”（在仅有两人的模型中，“常人”即对方）；反之，低估自己获胜概率的“悲观者”，表现为 p_0 和 q_0 不变，p_1 和 q_1 较小，亦即相信自己“差于常人”。Kruger 等人的研究发现，这类认知偏差广泛存在于人类各种社会比较、决策的心理过程当中。若如此，命题 3.7 则清楚地表明，尽管我们通过理性设计、计算，试图运用最优合约来实现某种“最大化”，然而根植于人类内心深处的认知偏差竟然以一种微妙的方式阻碍我们，显著地降低我们所能得到的最大收益。这一结论再一次让我们联系到《致命的自负》中的论调——理性的思辨也会受到本能和传统的限制。

命题 3.7 可以用来解释为何在现代层级组织中，上级（委托人）一般都高度看重下属（代理人）的心理状态或者性格特质，而

① 为什么会在社会比较中出现优于常人效应和差于常人效应？从 20 世纪 80 年代至今，研究者们一直对其产生的原因进行探索，相继提出了自我提升（self-enhancement）理论、权重差异（differential weighting）理论和信息差异（differential information）理论。早期的研究者将“自我提升动机”作为解释优于常人效应的主要原因。他们认为，人们乐意用积极的眼光和角度去看待自己。Taylor 和 Brown（1998）指出，人们认为自己的积极品质要好于同伴，这种积极的错觉，可以使他们更好地应对现实生活中的各种挫折。这种错误的观念，甚至可以提高他们的心理健康水平；权重差异的观点认为(Kruger，1999；Swenson，1981；Kruger and Burrus，2004)，当个体将自身的能力、成就、经历某些事件的可能性、在合作中的贡献以及在竞争中获胜的概率等方面与他人进行比较时，个体总是以自我为中心，过多地考虑比较目标，而很少考虑甚至忽略比较对象。研究者将这种现象称为自我中心主义，认为在社会比较过程中这种权重的差异是产生优于常人效应和差于常人效应的主要原因；信息差异理论认为在社会比较的过程中，个体相对比较对象（常人）而言，拥有更多的关于自身的信息，这就意味着个体可以对自身能力、表现等进行更为准确的评价。而个体对他人的评价是建立在缺乏相关信息的基础之上的，所以评价的结果更多地依赖于对比较对象（常人）所在团体平均水平的猜测。那么，当个体认为自身的能力表现等高于他所猜测的比较对象（常人）的平均水平时，就会出现优于常人效应；而当个体认为自身的能力表现等低于他所猜测的比较对象（常人）的平均水平时，就会出现差于常人效应（Moore and Small，2007）。在本书的模型中，我们不对这三种原因做判断，只是接受这种心理现象。

并非只关注下级能力的高低。尽管依照常识，所属人员的心理因素对于组织效能的发挥意义重大，但在理论上，如何对此加以刻画却是一个难点。原因在于，如何使得心理因素影响组织的效能，同时又不能破坏委托人以代理人的产出为导向的成本收益分析？在命题 3.7 对于心理因素的刻画过程中，本质上我们采用了“有偏误的对他人行为概率预期”这一模式。在这一预期结构上，不同人的不同心理态度，相对乐观抑或相对悲观，将直接影响代理人的行为选择，从而影响委托人对其实施激励的成本。这种激励成本的高低是在比较静态意义下的。也就是说，若委托人面对多组代理人，每组都蕴含心理状态不同但能力分布一致的多个代理人，尽管按照我们的模型，在满足一定条件下，针对每一组代理人，委托人都可以通过最优合约实现一个最大收益，但这些不同组下的最大收益是有大小排序的。当委托人可以通过心理测试的方法了解不同组中代理人的心理特质时，也就能够对这些最大收益进行筛选。[①] 命题 3.7 告诉我们，委托人总是倾向于选择心理偏误最小的那些代理人，这些人通常也被认为具有“不以物喜，不以己悲”的稳健特征。

接下来我们针对 a_1 和 a_2 做比较静态分析，思路与引理 3.8 一致。针对式（3—89）分别对 a_1 和 a_2 求其偏导数，即可得：

$$\frac{\partial V_1^*}{\partial a_1}=\frac{c_2^2\cdot(1-a_1)^2\cdot\mu_1+(1-a_2)\cdot c_1\cdot(c_1\cdot\mu_2\cdot a_2-c_2)}{c_1\cdot c_2\cdot(1-a_1)^2\cdot(a_2-1)} \tag{3—90}$$

$$\frac{\partial V_1^*}{\partial a_2}=\frac{c_1^2\cdot(1-a_1)^2\cdot\mu_2+(1-a_1)\cdot c_2\cdot(c_2\cdot\mu_1\cdot a_1-c_1)}{c_1\cdot c_2\cdot(1-a_2)^2\cdot(a_1-1)} \tag{3—91}$$

① 这在理论上也许可以解释，为何在现实的职场中，存在如此多的心理测评。

观察以上两式，我们发现，代理人对荣誉比较的重视程度对于委托人最大收益的影响并不明晰，我们很难得到一个一致的结论，因此我们利用“充分性推断”只针对某些条件做讨论。

命题 3.8：当 $\mu_1<0$ 时，$\frac{\partial V_1^*}{\partial a_1}>0$；当 μ_1，$\mu_2<0$ 时，$\frac{\partial V_1^*}{\partial a_2}>0$。

证明：首先需要指出，命题 3.8 描述的条件均为充分非必要条件。观察式（3—90），在我们的模型假设下，$c_1 \cdot \mu_2 \cdot a_2<c_2$，因此若 $\mu_1<0$，则可以保证：$c_2^2 \cdot (1-a_1)^2 \cdot \mu_1+(1-a_2) \cdot c_1 \cdot (c_1 \cdot \mu_2 \cdot a_2-c_2)<0$，结合 $c_1 \cdot c_2 \cdot (1-a_1)^2 \cdot (a_2-1)<0$，自然可得 $\frac{\partial V_1^*}{\partial a_1}>0$；同理，当 μ_1，$\mu_2<0$ 时，$\frac{\partial V_1^*}{\partial a_2}>0$ 也是显然的。

我们同样用模拟的方式给出了命题 3.8 的直观印象。

经济含义：命题 3.8 的经济含义非常有趣。当 $\mu_1<0$ 时，即 $p_0<p_1$，相当于我们要求能力高的代理人 1 相对乐观，因为和其自身努力时相比，她/他不努力时，认为对方有较小的概率努力，即对方同样也有较大的概率不努力，这正给了她/他“随遇而安”的借口。面对这样高能力、低上进心（相对乐观）的代理人 1，命题 3.8 告诉我们，委托人更希望她/他具有较强的荣誉感，即更加在意荣誉比较，如此才能实现委托人的更大收益。若这类高能且乐观的代理人太过“知足常乐”，对于利用最优合约实现最大收益的委托人来说，反而是种灾难。这也许能够解释，为什么“知足常乐”这种职业态度并不是委托人期待高能力下属所具有的品质。对于低能力的代理人 2，委托人的期待就更加明确了。在代理人 1、2 都相对乐观的情况下，低能力者对于荣誉越敏感，就越能增加委托人的最大收益（见图 3—6）。

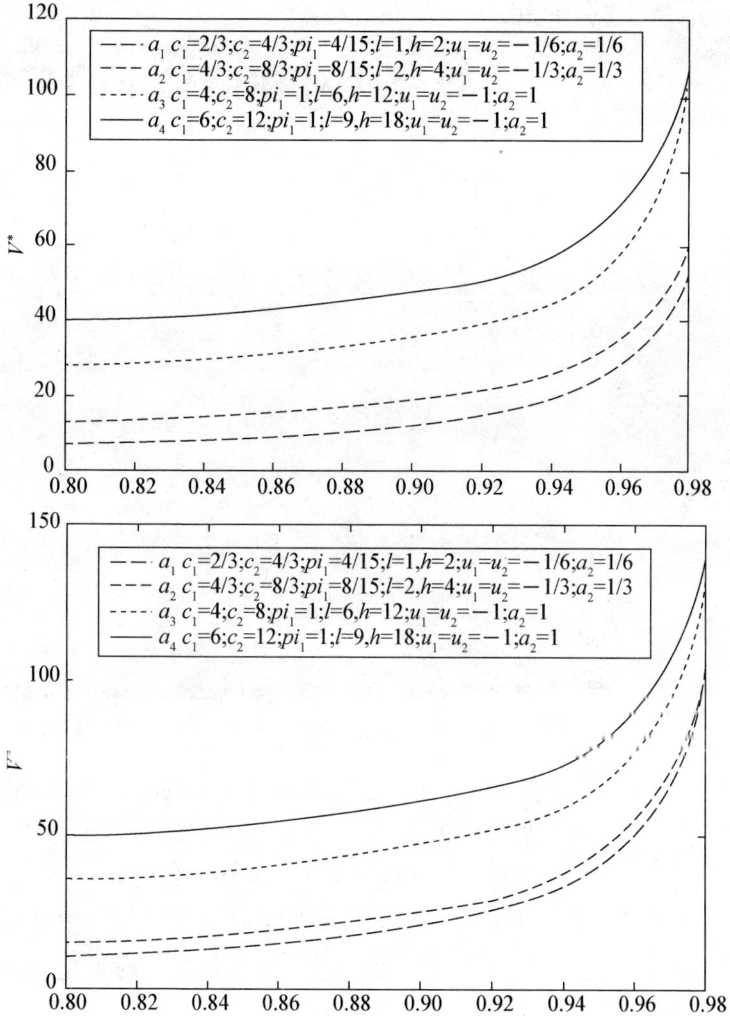

图 3—6　*contract*$^{1}_{P2}$下委托人的最大期望效用与代理人 a_1 和 a_2 的关系示意图

注：本示意图要求 a_1 和 a_2 在定义区间［0，1］内变动，同时选取用来作出图示的不同组外生参数，每一组参数对应一条模拟曲线。

第4章 静态非对称信息下的扩展

在第3章的基准模型中，我们假定了委托人与异质性代理人1、2的信息结构是完全对称的，即委托人对于代理人的个人特质——能力高低 c_i 以及对荣誉比较的看重程度 a_i 完全了解；对于代理人的各自产出亦能完全观测，同时，我们还要求异质性代理人1、2不能相互交流各自的合约条款。在这样的模型设置下，委托人自然可以区分异质性代理人，并且针对其不同特质，分别与其签订带有“个人特色”的合约条款。体现在模型上，就表现为委托人的合约可行集为 $\{(w_{i,q},\ s_{i,q})\mid i=1,\ 2;\ q\in\{l,\ h\}\}$，此时委托人控制变量的自由度很大，即使面对同一产出状态，仍然可以对不同的代理人给予不一致的合约支付。

和标准的信息经济学思路一致，不对称的信息

结构是现实中道德风险产生的根源，因而也是激励实施的核心问题。现实中的组织，更为普遍的情形是，委托人即使知晓面对的是具有异质特征的代理人，但由于无从对其区分识别，自然也就无法对其区别对待。相反，对比委托人，代理人在以下两个层面上具有信息优势：代理人不但清楚自身的个性特征，而且由于其类型分布为公共知识，因此她/他可以通过贝叶斯更新推测其他代理人的类型信息（当仅有两个异质性代理人时，代理人相互的猜测是完全准确的）。在这种不对称的信息结构下，委托人又如何实施激励呢？这正是本章的主要目的。

在本章的扩展模型中，我们将改变对称信息的模型，引入代理人的私人信息。这一扩展使得委托人无法区分异质性代理人，从而将信息结构变为非对称型。更为重要的是，对于代理人特质的“无知”，使得委托人不能针对代理人的异质性分别设计各自的最优合约，而只能在事先公布统一的合约条款。若代理人接受合约，则在观察到产出的实现状态之后，针对事前合约条款对代理人进行统一支付。这样的改变使得委托人的控制变量——合约可行集的自由度大大缩减。

4.1　扩展模型的时序和博弈结构

首先，我们将定义扩展模型的信息结构，之后再重新刻画博弈的时序与内容。

委托人的可观测信息：q_i，$i=1$，2。

代理人的可观测信息：代理人 1 为（c_1，a_1，p_0，p_1），代理人 2 为（c_2，a_2，q_0，q_1）。

共同知识：代理人存在两种不同的类型，分别为｛a_1，c_1，

p_0，$p_1\}$ 与 $\{a_2, c_2, q_0, q_1\}$。

在这样的信息条件下，委托人所能区分的状态空间 $\omega=\{(q_1, q_2)\}$ 同样可表述为：$\omega=\{(h, h), (h, l), (l, h), (l, l)\}$。与之前的基准模型不同，此时委托人针对每一状态的实现，已经无法将高低产出和代理人的异质属性相关联。由于委托人的支付是状态依赖的，因此四种状态必然对应着四种不同（或相同）的支付合约。① 按照之前的表述，我们将这四种状态分别标注为情形 1、2、3、4，对应记号 ω_1，ω_2，ω_3，ω_4。接下来我们将讨论在这四种状态下委托人的激励策略。

当我们在谈论委托人状态依赖下的激励策略时，并不对具体的合约模式做任何事先预设，而仅考虑合约在信息结构上的可行性。在全部可行选择集中，通过代理人的选择，利用子博弈完美纳什均衡的概念，再次筛选最优的激励合约。

在扩展模型的故事中，委托人在博弈开始之前，先对代理人进行编号以作区分，但此种区分不涉及任何异质信息，只是单纯作为识别，以确认事后产出的来源。这一动作虽简单，但意义重大，使得代理人无法“冒认”他人产量来欺骗委托人，从而保证了委托人对四种不同的状态实现能够充分识别并加以区分。在这一前提下，我们举例来说明委托人激励策略的状态依赖性。

例如当 ω_1 和 ω_2 发生时，此时委托人观测到代理人 1 的产出均为 h，但由于状态不同，我们假设委托人在这两种状态下对代理人

---

① 值得说明的是，我们假设委托人无法区分代理人的异质性，并不意味着，委托人无法区分不同的代理人。简单的标号或姓名就可以在形式上清楚区分代理人 1 和 2。若委托人对代理人都无法进行标号，则状态空间将发生改变，合约支付也并非状态依赖的，但这种更为简化的情形反而远离现实，并且意味着在多期博弈中，委托人具有“遗忘”，即不完美记忆，因而并不适用。

1 的支付也是不相同的，其余情形类似。① 这样我们就对应了四种状态合约，分别定义为：

$$C^1=C(\omega_1),C^2=C(\omega_2),C^3=C(\omega_3),C^4=C(\omega_4)$$

$$C^n=\{(w_1^n,\ s_1^n),\ (w_2^n,\ s_2^n)\},\ n=1,\ 2,\ 3,\ 4 \qquad (4\text{—}1)$$

观察式（4—1），我们可以看到，由于涉及四种状态、两个代理人、两种激励手段，因此委托人的合约选择集合非常“大”，并且这一激励合约的代数结构是完备的。值得注意的是，我们此处的激励合约不再是简单的产量依赖，相同产量由于处在不同的状态下，自然对应了不同的合约支付，但状态依赖激励策略也蕴含着委托人对代理人产量信息的掌握情况。

当委托人明确了激励策略之后，我们假定其向已经进行编号标志的代理人公开宣布合约条款，代理人 1、2 在看到合约条款并进行复杂的估算与权衡之后，首先考虑是否加入博弈。若双方都同意加入合约关系，则生产正式开始，且代理人 1、2 同时选择努力程度，个人产出在自然概率和代理人努力程度的双重影响下得以实现，双方的产出构成特定状态的实现。之后，委托人对比事先承诺的状态合约条款对代理人进行支付，从而博弈结束。值得说明的是，我们认为，当代理人同时进行努力程度的选择时，可以用静态纳什博弈来描述其权衡过程，因此纳什均衡就成为对其博弈结局的稳定预测。同时，利用逆向归纳原则对委托人的激励策略进行劣势策略消除，则可得到整个动态博弈的子博弈完美纳什均衡，而这一均衡就是我们用以评价委托人状态合约的效率、激励效果的基准。我们可以用图 4—1 来直观化上述过程。和前文的假设一致，我们在扩展模型中也假定代理人的保留效用都为 0，因此在具体均衡的

① 最优激励策略也可能意味着此时两种支付相同，但这需要后续论证，此处在数理模型中我们需要暂时假定其为不同的两个代数。

求解过程中，暂且搁置参与约束的限制，而是在找到均衡之后，再讨论委托人的合约条款满足何种约束才能保证代理人在均衡下的所得高于其保留效用。这样的设置实际上要求我们在具体求解均衡的过程中，先假定代理人看到委托人的激励合约之后，都加入博弈，不会选择退出。当然，这样的假定仍需要事后结合均衡支付和参与约束进行再次验证，从而精炼事前委托人的状态依赖合约，这也是我们的求解策略。总体来看，从博弈的时序分析中，我们已经知晓子博弈完美纳什均衡将作为这一情境下多方策略均衡的一个稳定预测。由此，非对称信息下扩展模型的求解也将分两个步骤完成：

第一，异质性代理人 1、2 在看到委托人的状态合约之后，基于对状态分布和博弈支付的猜测，同时选择各自的努力程度，从而构成静态博弈。此博弈的纳什均衡就是我们进行逆向递归的均衡路径。

第二，从代理人的均衡路径出发，讨论委托人的状态合约在何种条件下才能使代理人乐于参与（即满足参与约束），同时在子博弈完美纳什均衡的意义下寻求委托人的最大效用。

委托人公开宣布其状态激励策略：$\{C^1=C(w_1),C^2=C(w_2),C^3=(w_3),C^4=C(w_4)\}$

在外部随机因素和个人努力的双重影响下，代理人1和2的产出实现，且产出可以被委托人观测到，但代理人之间无法知晓对方的成果

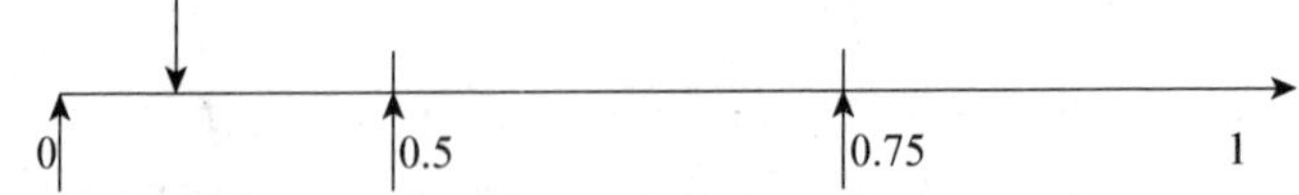

代理人1和2的特征信息被自然所决定，其分布为公共知识，但具体(c_i,a_i)为私人信息

代理人1和2若拒绝合约，则博弈结束，其得到各自的保留效用；若接受合约，则代理人1和2进行一个同时决策静态纳什博弈，决策变量为各自的努力程度

委托人依照事先约定兑现工资与荣誉奖励

图 4—1　非对称信息下的博弈时序图

4.2　非对称信息下异质性代理人的信念与支付

首先，我们讨论当博弈时序进行至图 4—1 中“0.5”之后的异质性代理人 1、2 间的静态纳什博弈。和标准的完全信息静态博弈不同，由于在模型中涉及荣誉奖励的相对比较，因此我们引入了代理人的认知偏差，这一点与基准模型完全一致。需要重点阐明的是，委托人所公布的激励策略，给代理人进行策略选择造成了极大的“困难”：由于委托人的合约条款是基于产出空间的实现状态，因此，代理人在进行选择之前，首先必须对各种状态出现的概率做猜测。然而，不同状态的实现概率并非只由代理人自身的努力程度所决定，还受到其他代理人以及自然的共同影响。若代理人希望对状态实现概率做预测，则必然涉及对他人努力程度的猜测。按照我们的认知偏差假设，这一猜测还受到代理人自身认知的扭曲。根据不同的实现状态，我们可以计算出代理人依赖于自身努力程度的主观状态分布概率。我们以代理人 1 为例详述这一信念的生成过程，代理人 2 的计算步骤则不再赘述。

4.2.1　代理人对状态空间的主观概率分布

考虑 $\omega_1=(h, h)$。当代理人 1 自身努力时，即当 $e_1=1$ 时，代理人首先需要计算其自身产出为 h 的概率，由假设可知，此概率为 π_1；在计算代理人 2 的产出同为 h 的概率时，代理人 1 需要先对代理人 2 的努力情况作出猜测。这一猜测我们可以引述表 3—2 中代理人 1 的主观概率分布，得到代理人 2 有 p_1 的概率努力，$1-p_1$ 的概率不努力。结合受随机因素影响的生产函数，代理人 1 可以估测出，代理人 2 的产出是 h 的概率为：$p_1 \cdot \pi_1+(1-p_1) \cdot \pi_0$。综

合代理人 1、2 的产出分布，加之两人的生产过程完全独立，代理人 1 可以得出在其努力时，ω_1 出现的概率为 $F_1(\omega_1|e_1=1)=\pi_1\cdot[p_1\cdot\pi_1+(1-p_1)\cdot\pi_0]$。

考虑 $\omega_2=(h, l)$。当代理人 1 自身努力时，其产出为 h 的概率不变，仍然为 π_1；同样，代理人 1 估测代理人 2 有 p_1 的概率努力，$1-p_1$ 的概率不努力，此时，代理人 1 估测代理人 2 产出为 l 的概率为：$p_1\cdot(1-\pi_1)+(1-p_1)\cdot(1-\pi_0)$。因此，$\omega_2$ 出现的概率为：$F_1(\omega_2|e_1=1)=\pi_1\cdot[p_1\cdot(1-\pi_1)+(1-p_1)\cdot(1-\pi_0)]$。

考虑 $\omega_3=(l, h)$。当代理人 1 自身努力时，其产出为 l 的概率为 $1-\pi_1$；同样，代理人 1 估测代理人 2 有 p_1 的概率努力，$1-p_1$ 的概率不努力，此时，代理人 1 估测代理人 2 产出为 h 的概率为：$p_1\cdot\pi_1+(1-p_1)\cdot\pi_0$。因此，$\omega_3$ 出现的概率为：$F_1(\omega_3|e_1=1)=(1-\pi_1)\cdot[p_1\cdot\pi_1+(1-p_1)\cdot\pi_0]$。

考虑 $\omega_4=(l, l)$。当代理人 1 自身努力时，其产出为 l 的概率为 $1-\pi_1$；同样，代理人 1 估测代理人 2 有 p_1 的概率努力，$1-p_1$ 的概率不努力，此时，代理人 1 估测代理人 2 产出为 l 的概率为：$p_1\cdot(1-\pi_1)+(1-p_1)\cdot(1-\pi_0)$。因此，$\omega_4$ 出现的概率为：$F_1(\omega_4|e_1=1)=(1-\pi_1)\cdot[p_1\cdot(1-\pi_1)+(1-p_1)\cdot(1-\pi_0)]$。

依照概率公理，条件状态分布应该满足全部状态下的条件概率之和为 1。这一法则能否得到验证也是检验我们模型的自洽性、认知偏差和随机生产函数设置是否“合理”的一个重要标准。通过简单的运算我们可以得到：

$$F_1(\omega_1|e_1=1)+F_1(\omega_2|e_1=1)+F_1(\omega_3|e_1=1)+F_1(\omega_4|e_1=1)=1 \tag{4—2}$$

上式的成立，说明我们的概率机制，特别是认知偏差、状态空

间的设置在扩展模型中运行“良好”。但以上讨论仅限于代理人 1 在努力工作时的主观概率，认知偏差导致代理人在不努力工作时（即 $e_1=0$）对状态空间的主观概率分布和之前并不一致，因此我们仍有必要仔细讨论。

考虑 $\omega_1=(h, h)$。当代理人 1 自身不努力时，即当 $e_1=0$ 时，此时代理人首先需要计算其自身产出为 h 的概率，由假设可知，此概率为 π_0；在计算代理人 2 的产出同为 h 的概率时，代理人 1 需要先对代理人 2 的努力情况作出猜测。这一猜测我们可以引述表 3—2 中代理人 1 的主观概率分布，得到代理人 2 有 p_0 的概率努力，$1-p_0$ 的概率不努力。结合受随机因素影响的生产函数，代理人 1 可以估测出，代理人 2 的产出是 h 的概率为：$p_0 \cdot \pi_1+(1-p_0) \cdot \pi_0$。综合代理人 1、2 的产出分布，加之两人的生产过程完全独立，代理人 1 可以得出在其努力时，ω_1 出现的概率为 $F_1(\omega_1 | e_1=0)=\pi_0 \cdot [p_0 \cdot \pi_1+(1-p_0) \cdot \pi_0]$。

考虑 $\omega_2=(h, l)$。当代理人 1 不努力时，其产出为 h 的概率不变，仍然为 π_0；同样，代理人 1 估测代理人 2 有 p_0 的概率努力，$1-p_0$ 的概率不努力，此时，代理人 1 估测代理人 2 产出为 l 的概率为：$p_0 \cdot (1-\pi_1) + (1-p_0) \cdot (1-\pi_0)$。因此，$\omega_2$ 出现的概率为：$F_1(\omega_2 | e_1=0)=\pi_0 \cdot [p_0 \cdot (1-\pi_1) +(1-p_0) \cdot (1-\pi_0)]$。

考虑 $\omega_3=(l, h)$。当代理人 1 不努力时，其产出为 l 的概率为 $1-\pi_0$；同样，代理人 1 估测代理人 2 有 p_0 的概率努力，$1-p_0$ 的概率不努力，此时，代理人 1 估测代理人 2 产出为 h 的概率为：$p_0 \cdot \pi_1+(1-p_0) \cdot \pi_0$。因此，$\omega_3$ 出现的概率为：$F_1(\omega_3 | e_1=0)=(1-\pi_0) \cdot [p_0 \cdot \pi_1+(1-p_0) \cdot \pi_0]$。

考虑 $\omega_4=(l, l)$。当代理人 1 不努力时，其产出为 l 的概率为 $1-\pi_0$；同样，代理人 1 估测代理人 2 有 p_0 的概率努力，$1-p_0$ 的概率不努力，此时，代理人 1 估测代理人 2 产出为 l 的概率为：

$p_0 \cdot (1-\pi_1)+(1-p_0)\cdot(1-\pi_0)$。因此，$\omega_4$ 出现的概率为：$F_1(\omega_4 | e_1=0)=(1-\pi_0)\cdot[p_0\cdot(1-\pi_1)+(1-p_0)\cdot(1-\pi_0)]$。

同样，我们可以验证：

$$F_1(\omega_1 | e_1=0)+F_1(\omega_2 | e_1=0)+F_1(\omega_3 | e_1=0)+F_1(\omega_4 | e_1=0)=1 \tag{4—3}$$

综合代理人 1 在不同努力程度下对状态空间主观概率的分布，我们可以得到表 4—1。

表 4—1　　代理人 1 对状态空间的主观概率分布 $F_1(\omega_n | e_1)$

	$\omega_1=(h,\ h)$	$\omega_2=(h,\ l)$	$\omega_3=(l,\ h)$	$\omega_4=(l,\ l)$
$e_1=1$	$\pi_1\cdot[p_1\cdot\pi_1+(1-p_1)\cdot\pi_0]$	$\pi_1\cdot[p_1\cdot(1-\pi_1)+(1-p_1)\cdot(1-\pi_0)]$	$(1-\pi_1)\cdot[p_1\cdot\pi_1+(1-p_1)\cdot\pi_0]$	$(1-\pi_1)\cdot[p_1\cdot(1-\pi_1)+(1-p_1)\cdot(1-\pi_0)]$
$e_1=0$	$\pi_0\cdot[p_0\cdot\pi_1+(1-p_0)\cdot\pi_0]$	$\pi_0\cdot[p_0\cdot(1-\pi_1)+(1-p_0)\cdot(1-\pi_0)]$	$(1-\pi_0)\cdot[p_0\cdot\pi_1+(1-p_0)\cdot\pi_0]$	$(1-\pi_0)\cdot[p_0\cdot(1-\pi_1)+(1-p_0)\cdot(1-\pi_0)]$

对于代理人 2，同样的思考和运算逻辑仍在进行着。具体过程不再赘述，而直接通过表 4—2 给出结论。

表 4—2　　代理人 2 对状态空间的主观概率分布 $F_2(\omega_n | e_2)$

	$\omega_1=(h,\ h)$	$\omega_2=(h,\ l)$	$\omega_3=(l,\ h)$	$\omega_4=(l,\ l)$
$e_2=1$	$[q_1\cdot\pi_1+(1-q_1)\cdot\pi_0]\cdot\pi_1$	$[q_1\cdot\pi_1+(1-q_1)\cdot\pi_0]\cdot(1-\pi_1)$	$[q_1\cdot(1-\pi_1)+(1-q_1)\cdot(1-\pi_0)]\cdot\pi_1$	$[q_1\cdot(1-\pi_1)+(1-q_1)\cdot(1-\pi_0)]\cdot(1-\pi_1)$
$e_2=0$	$[q_0\cdot\pi_1+(1-q_0)\cdot\pi_0]\cdot\pi_0$	$[q_0\cdot\pi_1+(1-q_0)\cdot\pi_0]\cdot(1-\pi_0)$	$[q_0\cdot(1-\pi_1)+(1-q_0)\cdot(1-\pi_0)]\cdot\pi_0$	$[q_0\cdot(1-\pi_1)+(1-q_0)\cdot(1-\pi_0)]\cdot(1-\pi_0)$

类似地，我们可以验证：

$$F_2(\omega_1 | e_2=1)+F_2(\omega_2 | e_2=1)+F_2(\omega_3 | e_2=1)+F_2(\omega_4 | e_2=1)=1 \tag{4—4}$$

$$F_2(\omega_1 | e_2=0)+F_2(\omega_2 | e_2=0)+F_2(\omega_3 | e_2=0)+F_2(\omega_4 | e_2=0)=1 \tag{4—5}$$

通过表 4—1、表 4—2 我们给出了异质性代理人事先对于状态空间分布的主观看法。我们在模型中描述了代理人的心理计算过程：代理人一旦看到委托人基于状态空间的合约条款，首先基于自身的认知偏差，对状态空间的概率分布形成了主观看法，之后的所有决策都基于这一看法。需要特别说明的是，这一点和信息对称的基准模型有所不同。在基准模型中，由于委托人对代理人的所有特征，例如能力高低、对荣誉比较的热衷程度，甚至认知偏差的程度都充分了解，因此委托人完全不必依赖状态空间制定合约，而是针对特定的代理人进行激励。代理人在这种情形下，自然也就完全没有必要对状态空间做猜测，而只需衡量委托人的合约是否满足自身的效率要求。当然，在做这种权衡时，需要对其他代理人的努力程度作出判断。

我们注意到，不同代理人对于状态空间概率分布的主观看法是完全不同的，这一差异的最根本原因在于代理人的认知偏差并不一致，在模型形式上我们用不同的符号（p_0，p_1；q_0，q_1）来表征这种差异性。

我们还需要明确，在讨论扩展模型中的静态博弈时，海萨尼转换（Harsanyi transform）① 可能并不适用，在标准的贝叶斯静态博弈下，需要针对唯一一个先验的共同联合分布进行贝叶斯更新。

① 海萨尼转换通过一个被所有参与人作为共同先验的联合分布来描述参与人的类型空间，借以指代整个世界的不确定性。参与人通过自己的私人信息——类型，通过贝叶斯法则生成一个后验主观概率。参与人的行为决策也是在这个主观概率下作出的，目标都是使得自身的期望效用最大化。在此基础上，海萨尼转换使得纳什均衡的概念在不确定性的外部世界里也得以推广和运用。这样的思路在应用方面取得了巨大的成功，已经成为不确定性条件下博弈的标准处理方法，但其理论本身仍带给思想界极大的冲击，其蕴含的意义与成立的条件都被广泛关注，在以下三个方面形成了大量文献：第一，什么是类型空间？对于外部世界的高阶信念如何被类型空间所代替？第二，参与人关于类型空间的共同先验分布是否唯一存在？第三，将高阶信念转化为类型空间的过程是否会改变参与人的信息结构，或者说，高阶信念和类型空间之间是否具备一致性？

然而，在扩展模型中，代理人 1、2 的先验信念显然不同，并且这一差异还成为了两者的共同知识，即异质性代理人不但知晓自身的状态空间及状态分布，并且充分了解对方关于状态空间的信念与此完全不同。一旦假设代理人知晓对方的认知偏差，则根据一致的心理运算过程，她/他就可以得出对方的主观状态空间分布。这一推理在彼此间的猜测过程中无限递归下去，因此教科书式的贝叶斯静态博弈就丧失了基本前提。为了处理这一问题，我们放弃了类型博弈（即基于类型空间的不完全信息博弈）的标准视角，转而回归到更为基础的纳什均衡的概念，将所有可能涉及的主观信念的高阶猜测过程，归纳为代理人基于自身认知，对状态空间以及他人情况的概率预测。这种预测可能是高度“个性化”的。有了这一主观概率，基于期望效用最大化的参与人就有了调整各种状态下收益的“标杆”。我们关注的纳什均衡也恰恰存在于双方某组高度“个性化”的主观概率猜测之下。在这一特定的信念组合下，代理人才能形成“不调整策略”的稳定意志。

4.2.2 代理人基于状态空间的期望支付

我们如果要对代理人 1、2 进行博弈分析，首先必须明确双方在不同策略组合下的支付。然而问题的有趣之处，也正在于此。由于我们加入了代理人的认知偏差和荣誉比较，因此当代理人在“内心中（也许是大脑）”做任何一次效用计算时，都涉及对他人的猜测。为此我们给出了代理人进行这些猜测的基本原则——代理人认知偏差的概率分布，即表 3—2 和表 3—3。在此基础上，结合委托人基于状态空间的合约条款，代理人形成了信念——表 4—1 和表 4—2。一个自然的疑问是，当代理人有了这些主观信念后，她/他是如何计算其努力程度的不同选择所带来的效用的？在这里，我们需要引入由决策人主观概率所形成的主观期望效用函数（subjec-

tive expected utility)，这一函数和标准的冯·诺依曼期望效用函数的差别，只是在于主观期望效用函数以参与人的主观概率而非事件发生的客观概率作为加权平均的基准。这一做法，实际上在决策理论（decision theory）中也被广泛采用，只是被称为“贝叶斯决策函数”（Bayseian decision function），其一般被定义为：$\sum_{\omega\in\Omega}u(a,\omega)\cdot P(\omega|s)$。其中，$\omega\in\Omega$ 表示决策者认为自身所处的状态；$s\in S$ 表示决策者的观测信号；$P(\omega|s)$ 则表示决策者基于信号对自身所处状态所作出的主观概率猜测；a 代表决策行为，但当我们考虑博弈问题时，a 则代表所有参与人的策略组合，即不但包括自身策略，还蕴含他人的选择。①

基于主观期望效用函数（或称贝叶斯决策函数），我们将对代理人 1 和 2 在不同选择下的主观期望效用作出评价。首先，我们建立一个一般框架，之后再对应不同情形进行代入计算。

考虑到每个代理人在努力程度方面都只有两个选择，并且这一点是作为公共知识进入双方的思考当中，因此，代理人清楚博弈一共只能出现四种情形，即：$\{(e_1=1, e_2=1), (e_1=1, e_2=0), (e_1=0, e_2=1), (e_1=0, e_2=0)\}$。在每种情形②下，都会形成一个完整的状态空间，即在每一种情形下，都可能导致任何一种状态的实现。因此，代理人的主观概率实际上是给定自身的努力，对状态实现和对方努力情形的内积做猜测，可以表示为：

---

① 关于主观期望效用函数的具体定义以及和冯·诺依曼期望效用、海萨尼原则（Harsanyi doctrine）之间的对比，可见 Kreps（2012）. *Microeconomic Foundations I: Choice and Competitive Markets*. Princeton University Press：5.3 States of Nature and Subjective Expective Utility；5.4 Subjective and Objective Probability and the Harsanyi Doctrine。

② 在后文中，若不作特殊说明，“情形”一词与基准模型中的含义相同，均包含在 $e_i\in\{0, 1\}$，$c_1(e_1=0)=0$，$c_2(e_2=0)=0$，$c_1(e_1=1)=c_1$，$c_2(e_2=1)=c_2$ 中，分别为情形 1、2、3、4，表示异质性代理人努力程度的四种组合。

$$G_1(\omega_n, e_2=1 \mid e_1=1), G_1(\omega_n, e_2=0 \mid e_1=1),$$
$$G_1(\omega_n, e_2=1 \mid e_1=0), G_1(\omega_n, e_2=0 \mid e_1=0), n=1,2,3,4 \tag{4—6}$$

$$G_2(\omega_n, e_1=1 \mid e_2=1), G_2(\omega_n, e_1=0 \mid e_2=1),$$
$$G_2(\omega_n, e_1=1 \mid e_2=0), G_2(\omega_n, e_1=0 \mid e_2=0), n=1,2,3,4 \tag{4—7}$$

式（4—6）与式（4—7）给出了代理人的主观概率。有了这个信念体系，我们就可以讨论在四种不同情形下，代理人 1、2 的各自主观期望效用。

定义：代理人 1、2 在状态空间上的主观期望效用函数是策略组合射向实数集的一个实函数，即：EU_i：（s_i，s_j）→R，可以表示为：

$$E_1[U_1(e_1, e_2)] = E_1[u(\omega_n, e_1, e_2) \mid e_1]$$
$$= \sum_{\omega_n \in \Omega} G_1(\omega_n, e_2 \mid e_1) \cdot U_1(e_1, e_2, \omega_n) \tag{4—8}$$
$$E_2[U_2(e_1, e_2)] = E_2[u(\omega_n, e_1, e_2) \mid e_2]$$
$$= \sum_{\omega_n \in \Omega} G_2(\omega_n, e_1 \mid e_2) \cdot U_2(e_1, e_2, \omega_n) \tag{4—9}$$

在博弈论中，参与人的收益不仅取决于自身的行动，还依赖于他人的反应，这一点正是博弈论和决策理论的重大区别。在上述定义式（4—8）和式（4—9）中，我们展现出了以策略组合为基准的评价体系，同时代理人的主观信念表现在条件概率 $G_i(\omega_n, e_j \mid e_i)$ 上，其中 i，j=1，2，且 $i \neq j$。从这个定义我们也可以看出，无论针对哪一种情形，代理人都要将其置于整个状态空间综合考量，在四种状态的不同实现下进行主观概率的加权平均。这样的定义，体现了主观期望效用函数的实质。

利用以上定义，我们将分别计算代理人 1、2 在各种情形下的

主观期望效用，以此构成标准静态博弈中的基本要素——参与人双方的支付矩阵。

在依照定义计算代理人的主观期望效用之前，仍有两个问题需要澄清：第一，代理人信念体系如何计算，即式（4—6）、式（4—7）的具体结果；第二，代理人策略—状态依赖的效用函数如何计算，特别是如何结合委托人所公布的状态合约条款，对代理人不同状态下的效用进行赋值。

首先，我们处理第一个问题。观察式（4—6）、式（4—7），并以 $G_1(\omega_n, e_2=1|e_1=1)$ 为例。虽然这个条件概率在之前的计算中我们并未涉及，但注意到与其相关的另外两个条件概率我们已经清楚地知晓：$F_1(\omega_n|e_1=1)$ 与 $P(e_2|e_1=1)$。前者就是表 4—1 中代理人 1 对状态空间的主观概率分布 $F_1(\omega_n|e_1=1)$；后者就是表（3—2）中代理人 1 认知偏差的概率分布。注意到，运用乘法原理，我们可以得到以下概率等式：$G_1(\omega_n, e_2=1|e_1=1)=F_1(\omega_n|e_1=1)\cdot P(e_2|e_1=1)$，通过这种转换就能够将式（4—6）、式（4—7）逐个求出。这一等式也蕴含着代理人在思维运算的过程当中，将状态空间与对方努力程度这两个事件视为相对独立的分步运算。这一点由于符合我们的思维常识，故而将其视作默认假设。

接下来，我们讨论代理人如何对其不同状态下的效用进行赋值的问题。观察代理人效用函数：$U_i=(1-a_i)\cdot w_i\cdot s_i+a_i\cdot(s_i-s_j)-c_i(e_i)$，由于涉及荣誉比较，因此当代理人 1 进行效用评价时，也必然考虑到其他代理人的荣誉奖励。那么如何得知这一信息呢？和之前的基准模型完全不同，扩展模型在处理这一问题时采取了另一套机制。在前一节的基准模型中，由于委托人与不同的代理人“私下”进行缔约，且合约形式对于双方代理人来说都是私人信息，彼此不能交流，因此代理人对其他人的荣誉奖励只能进行猜测；然而在扩展模型中，委托人的合约条款公开宣布，其激励策略

也是状态依赖的，这意味着，代理人不用再对他人的荣誉奖励进行猜测，而只需要对产出的实现状态作出预测，甚至不需要特意关注他人的产出，因为在完备的状态空间中，所处的状态自然蕴含着两个代理人的不同产出。因此只要状态确定，代理人不但知道自己的工资与荣誉奖励，并且完全清楚他人的支付信息，并将这一信息代入到自己的效用中来。

例如，当代理人 1 猜测所处的状态为 ω_2 时，她/他则会根据委托人事先公布的合约条款"对号入座"——意识到双方支付遵循合约 $C^2=\{(w_1^2, s_1^2), (w_2^2, s_2^2)\}$，会将代理人 2 的荣誉奖励 s_2^2 考虑到彼此的荣誉比较中去。在此过程中，其对代理人 2 的产出并不关注，或者说已经在对整个状态的考量中给予了充分关注，因此不必"特意"推测代理人 2 的产出，也能够对其荣誉奖励作出有"信心"的预测。

下面我们将利用主观期望效用函数在此处的定义，对代理人 1、2 在四种情形下的支付进行推算。

我们将依照定义，详细分解情形 1 下代理人 1 的主观期望效用函数 $E_1[U_1(e_1=1, e_2=1)]$ 的计算过程，其他情形依照此例处理，具体运算则不再赘述。

利用定义 $E_1[U_1(e_1=1, e_2=1)]=\sum_n^4 G_1(\omega_n, e_2=1 \mid e_1=1)\cdot U_1(e_1=1, e_2=1, \omega_n)$，通过独立的乘法原理，我们可以将上式中的条件概率转化为：

$$
\begin{aligned}
&\sum_n^4 G_1(\omega_n, e_2=1 \mid e_1=1)\cdot U_1(e_1=1, e_2=1, \omega_n)\\
=&\sum_n^4 F_1(\omega_n \mid e_1=1)\cdot P_1(e_2=1 \mid e_1=1)\cdot U_1(e_1=1, e_2=1, \omega_n)
\end{aligned}
$$

展开即变为：

$$
\begin{aligned}
&= p_1 \cdot [F_1(\omega_1, e_2=1 \mid e_1=1) \cdot U_1(e_1=1, e_2=1, \omega_1) \\
&\quad + F_1(\omega_2, e_2=1 \mid e_1=1) \cdot U_1(e_1=1, e_2=1, \omega_2) \\
&\quad + F_1(\omega_3, e_2=1 \mid e_1=1) \cdot U_1(e_1=1, e_2=1, \omega_3) \\
&\quad + F_1(\omega_4, e_2=1 \mid e_1=1) \cdot U_1(e_1=1, e_2=1, \omega_4)]
\end{aligned}
$$

此时，依照委托人事先公开的状态条款，将不同状态下的合约支付代入上式，即可得：

$$
\begin{aligned}
&= p_1 \cdot \{F_1(\omega_1, e_2=1 \mid e_1=1) \cdot [(1-a_1) \cdot w_1^1 \cdot s_1^1 \\
&\quad + a_1 \cdot (s_1^1 - s_2^1) - c_1] \\
&\quad + F_1(\omega_2, e_2=1 \mid e_1=1) \cdot [(1-a_1) \cdot w_1^2 \cdot s_1^2 + a_1 \cdot (s_1^2 - s_2^2) - c_1] \\
&\quad + F_1(\omega_3, e_2=1 \mid e_1=1) \cdot [(1-a_1) \cdot w_1^3 \cdot s_1^3 + a_1 \cdot (s_1^3 - s_2^3) - c_1] \\
&\quad + F_1(\omega_4, e_2=1 \mid e_1=1) \cdot [(1-a_1) \cdot w_1^4 \cdot s_1^4 + a_1 \cdot (s_1^4 - s_2^4) - c_1]\}
\end{aligned} \tag{4—10}
$$

结合代理人1对状态空间的主观概率分布（即表4—1），最终可以将式（4—10）转变为：

$$
\begin{aligned}
& E_1[U_1(e_1=1, e_2=1)] \\
&= p_1 \cdot \{\pi_1 \cdot [p_1 \cdot \pi_1 + (1-p_1) \cdot \pi_0] \cdot [(1-a_1) \cdot w_1^1 \cdot s_1^1 \\
&\quad + a_1 \cdot (s_1^1 - s_2^1) - c_1] + \pi_1 \cdot [p_1 \cdot (1-\pi_1) \\
&\quad + (1-p_1) \cdot (1-\pi_0)] \cdot [(1-a_1) \cdot w_1^2 \cdot s_1^2 \\
&\quad + a_1 \cdot (s_1^2 - s_2^2) - c_1] + (1-\pi_1) \cdot [p_1 \cdot \pi_1 \\
&\quad + (1-p_1) \cdot \pi_0] \cdot [(1-a_1) \cdot w_1^3 \cdot s_1^3 + a_1 \cdot (s_1^3 - s_2^3) - c_1] \\
&\quad + (1-\pi_1) \cdot [p_1 \cdot (1-\pi_1) + (1-p_1) \cdot (1-\pi_0)] \\
&\qquad \cdot [(1-a_1) \cdot w_1^4 \cdot s_1^4 + a_1 \cdot (s_1^4 - s_2^4) - c_1]\}
\end{aligned} \tag{4—11}
$$

式（4—11）显然给出了在情形1下代理人1的期望支付，即 $E_1[U_1(e_1=1,\ e_2=1)]$。观察到式（4—11）的形式比较复杂，其原因在于，我们只给出了委托人状态合约的一般形式，没有对其合约的具体原则条款做任何限制。这为后文讨论委托人的最优合约规则提供了较大的自由度，因此，此处暂时并不对式（4—11）做进一步化简。

类似地，我们还需要对代理人 1 的其他情形以及代理人 2 的诸多情况作出分析计算。基本算法就是在式（4—11）的基础上，利用代理人的主观概率分布（包含对状态空间与对其他人努力程度）进行局部调整。例如，当考虑 $E_1[U_1(e_1=1，e_2=0)]$ 时，其形成条件概率 $G_1(\omega_n，e_2 \mid e_1)$ 的组成部分 $P_1(e_2 \mid e_1)$ 就会从式（4—11）中的 p_1 变为 $1-p_1$；当考虑 E_1 $[U_1(e_1=0，e_2=1)]$ 时，除了 $P_1(e_2 \mid e_1)$ 会由式（4—11）中的 p_1 变为 p_0 外，其 $G_1(\omega_n，e_2=1 \mid e_1=1)$ 的另一组成部分 $F_1(\omega_n \mid e_1)$ 也会从式（4—10）中的 $F_1(\omega_n \mid e_1=1)$ 变为 $F_1(\omega_n \mid e_1=0)$，从而导致整个信念体系的变化。我们依照这样的调整规则，直接给出代理人 1 在其他情形下的期望支付。

$$\begin{aligned}
&E_1[U_1(e_1=1,e_2=0)]\\
&=(1-p_1)\cdot\{\pi_1\cdot[p_1\cdot\pi_1+(1-p_1)\cdot\pi_0]\\
&\quad\cdot[(1-a_1)\cdot w_1^1\cdot s_1^1+a_1\cdot(s_1^1-s_2^1)-c_1]\\
&\quad+\pi_1\cdot[p_1\cdot(1-\pi_1)+(1-p_1)\cdot(1-\pi_0)]\\
&\quad\cdot[(1-a_1)\cdot w_1^2\cdot s_1^2+a_1\cdot(s_1^2-s_2^2)-c_1]\\
&\quad+(1-\pi_1)\cdot[p_1\cdot\pi_1+(1-p_1)\cdot\pi_0]\\
&\quad\cdot[(1-a_1)\cdot w_1^3\cdot s_1^3+a_1\cdot(s_1^3-s_2^3)-c_1]\\
&\quad+(1-\pi_1)\cdot[p_1\cdot(1-\pi_1)+(1-p_1)\cdot(1-\pi_0)]\\
&\quad\cdot[(1-a_1)\cdot w_1^4\cdot s_1^4+a_1\cdot(s_1^4-s_2^4)-c_1]\}
\end{aligned}\tag{4—12}$$

注意到，在计算代理人 1 在情形 3、4 下的期望支付时，由于其选择不努力，因此成本为 0，这一点需要在每种状态下作出调整。

$$
\begin{aligned}
&E_1[U_1(e_1=0,e_2=1)]\\
=&p_0\cdot\{\pi_0\cdot[p_0\cdot\pi_1+(1-p_0)\cdot\pi_0]\\
&\cdot[(1-a_1)\cdot w_1^1\cdot s_1^1+a_1\cdot(s_1^1-s_2^1)]\\
&+\pi_0\cdot[p_0\cdot(1-\pi_1)+(1-p_0)\cdot(1-\pi_0)]\\
&\cdot[(1-a_1)\cdot w_1^2\cdot s_1^2+a_1\cdot(s_1^2-s_2^2)]\\
&+(1-\pi_0)\cdot[p_0\cdot\pi_1+(1-p_0)\cdot\pi_0]\\
&\cdot[(1-a_1)\cdot w_1^3\cdot s_1^3+a_1\cdot(s_1^3-s_2^3)]\\
&+(1-\pi_0)\cdot[p_0\cdot(1-\pi_1)+(1-p_0)\cdot(1-\pi_0)]\\
&\cdot[(1-a_1)\cdot w_1^4\cdot s_1^4+a_1\cdot(s_1^4-s_2^4)]\}
\end{aligned}
\tag{4—13}
$$

$$
\begin{aligned}
&E_1[U_1(e_1=0,e_2=0)]\\
=&(1-p_0)\cdot\{\pi_0\cdot[p_0\cdot\pi_1+(1-p_0)\cdot\pi_0]\\
&\cdot[(1-a_1)\cdot w_1^1\cdot s_1^1+a_1\cdot(s_1^1-s_2^1)]\\
&+\pi_0\cdot[p_0\cdot(1-\pi_1)+(1-p_0)\cdot(1-\pi_0)]\\
&\cdot[(1-a_1)\cdot w_1^2\cdot s_1^2+a_1\cdot(s_1^2-s_2^2)]\\
&+(1-\pi_0)\cdot[p_0\cdot\pi_1+(1-p_0)\cdot\pi_0]\\
&\cdot[(1-a_1)\cdot w_1^3\cdot s_1^3+a_1\cdot(s_1^3-s_2^3)]\\
&+(1-\pi_0)\cdot[p_0\cdot(1-\pi_1)+(1-p_0)\cdot(1-\pi_0)]\\
&\cdot[(1-a_1)\cdot w_1^4\cdot s_1^4+a_1\cdot(s_1^4-s_2^4)]\}
\end{aligned}
\tag{4—14}
$$

式（4—11）至式（4—14）利用本书所定义的主观期望效用函数给出了代理人 1 在四种不同情形下的期望支付。依据同样的原理与运算，我们还需要针对代理人 2 作出类似的计算。

$$
\begin{aligned}
&E_2[U_2(e_1=1,e_2=1)]\\
=&q_1\cdot\{[q_1\cdot\pi_1+(1-q_1)\cdot\pi_0]\cdot\pi_1\\
&\cdot[(1-a_2)\cdot w_2^1\cdot s_2^1+a_2\cdot(s_2^1-s_1^1)-c_2]\\
&+[q_1\cdot\pi_1+(1-q_1)\cdot\pi_0]\cdot(1-\pi_1)\\
&\cdot[(1-a_2)\cdot w_2^2\cdot s_2^2+a_2\cdot(s_2^2-s_1^2)-c_2]
\end{aligned}
$$

$$+[q_1\cdot(1-\pi_1)+(1-q_1)\cdot(1-\pi_0)]\cdot\pi_1$$
$$\cdot[(1-a_2)\cdot w_2^3\cdot s_2^3+a_2\cdot(s_2^3-s_1^3)-c_2]$$
$$+[q_1\cdot(1-\pi_1)+(1-q_1)\cdot(1-\pi_0)]\cdot(1-\pi_1)$$
$$\cdot[(1-a_2)\cdot w_2^4\cdot s_2^4+a_2\cdot(s_2^4-s_1^4)-c_2]\}\quad(4—15)$$

$$E_2[U_2(e_1=1,e_2=0)]$$
$$=q_0\cdot\{[q_0\cdot\pi_1+(1-q_0)\cdot\pi_0]\cdot\pi_0$$
$$\cdot[(1-a_2)\cdot w_2^1\cdot s_2^1+a_2\cdot(s_2^1-s_1^1)]$$
$$+[q_0\cdot\pi_1+(1-q_0)\cdot\pi_0]\cdot(1-\pi_0)$$
$$\cdot[(1-a_2)\cdot w_2^2\cdot s_2^2+a_2\cdot(s_2^2-s_1^2)]$$
$$+[q_0\cdot(1-\pi_1)+(1-q_0)\cdot(1-\pi_0)]\cdot\pi_0$$
$$\cdot[(1-a_2)\cdot w_2^3\cdot s_2^3+a_2\cdot(s_2^3-s_1^3)]$$
$$+[q_0\cdot(1-\pi_1)+(1-q_0)\cdot(1-\pi_0)]\cdot(1-\pi_0)$$
$$\cdot[(1-a_2)\cdot w_2^4\cdot s_2^4+a_2\cdot(s_2^4-s_1^4)]\}\quad(4—16)$$

$$E_2[U_2(e_1=0,e_2=1)]$$
$$=(1-q_1)\cdot\{[q_1\cdot\pi_1+(1-q_1)\cdot\pi_0]\cdot\pi_1$$
$$\cdot[(1-a_2)\cdot w_2^1\cdot s_2^1+a_2\cdot(s_2^1-s_1^1)-c_2]$$
$$+[q_1\cdot\pi_1+(1-q_1)\cdot\pi_0]\cdot(1-\pi_1)$$
$$\cdot[(1-a_2)\cdot w_2^2\cdot s_2^2+a_2\cdot(s_2^2-s_1^2)-c_2]$$
$$+[q_1\cdot(1-\pi_1)+(1-q_1)\cdot(1-\pi_0)]\cdot\pi_1$$
$$\cdot[(1-a_2)\cdot w_2^3\cdot s_2^3+a_2\cdot(s_2^3-s_1^3)-c_2]$$
$$+[q_1\cdot(1-\pi_1)+(1-q_1)\cdot(1-\pi_0)]\cdot(1-\pi_1)$$
$$\cdot[(1-a_2)\cdot w_2^4\cdot s_2^4+a_2\cdot(s_2^4-s_1^4)-c_2]\}\quad(4—17)$$

$$E_2[U_2(e_1=0,e_2=0)]$$
$$=(1-q_0)\cdot\{[q_0\cdot\pi_1+(1-q_0)\cdot\pi_0]\cdot\pi_0$$
$$\cdot[(1-a_2)\cdot w_2^1\cdot s_2^1+a_2\cdot(s_2^1-s_1^1)]$$
$$+[q_0\cdot\pi_1+(1-q_0)\cdot\pi_0]\cdot(1-\pi_0)$$
$$\cdot[(1-a_2)\cdot w_2^2\cdot s_2^2+a_2\cdot(s_2^2-s_1^2)]$$

$$+[q_0\cdot(1-\pi_1)+(1-q_0)\cdot(1-\pi_0)]\cdot\pi_0$$
$$\cdot[(1-a_2)\cdot w_2^3\cdot s_2^3+a_2\cdot(s_2^3-s_1^3)]$$
$$+[q_0\cdot(1-\pi_1)+(1-q_0)\cdot(1-\pi_0)]\cdot(1-\pi_0)$$
$$\cdot[(1-a_2)\cdot w_2^4\cdot s_2^4+a_2\cdot(s_2^4-s_1^4)]\}\qquad(4—18)$$

式（4—15）至式（4—18）依次给出了代理人 2 在四种情形下的期望支付。[①] 至此，我们完成了代理人在静态博弈阶段的支付矩阵。按照博弈论的标准式，我们用表 4—3 中代理人 1、2 在静态博弈下的支付矩阵来表达这一博弈的基本要素，其中每组 $E_1[U_1(e_1, e_2)]$ 与 $E_2[U_2(e_1, e_2)]$ 的具体结果就由式（4—11）至式（4—18）给出。

一旦博弈的支付矩阵形成，则后文针对其做各种均衡分析，以作为博弈结果的稳定预测也就相当自然了。依照静态博弈的基本结构，表 4—3 所代表的支付矩阵，必然作为博弈双方的共同知识。回顾得出此表的运算过程，我们实际上假设了代理人 1、2 采取了“由此及彼”的推理逻辑。这样的逻辑体现为代理人的如下信念：对方在计算主观期望效用函数时所采用的方法与自己完全一致，不仅体现在对整个状态空间的全面衡量上，还体现在对主观条件概率的调整上。同时，由于委托人开放式的合约条款，代理人对他人的荣誉奖励不再需要猜测，而只需在不同状态下进行一一对应的“对号入座”。但观察式（4—15）至式（4—18）的具体表达，我们发现，如果要使表 4—3 成为共同知识，则需要使一些模型参数也成为共同知识，比如随机生产函数中的成功概率 π_0 和 π_1，以及代理人的私人信息 (a_i, c_i)，(p_0, p_1)，(q_0, q_1)。当然，在基准模型

① 此处再次强调，注意区分“情形”与“状态”的不同含义。本书中的“情形”是指代理人努力程度的各种组合；“状态”是指代理人最终产出的各种组合。在本书模型的假定中，任意情形都能形成完备的状态空间（四种），即代理人任意努力程度的组合，都可以生成任意产出组合。

的假设中，我们已经要求前者为共同知识；关于后者，尽管我们也在扩展模型的假设说明里提出，在仅有两个参与人的博弈中，一旦其类型参数的共同分布为共同知识，则参与人即可利用自身信息准确推断他人信息，因此这样的博弈结构导致了代理人的所有特征参数也都为共同知识。在此处，我们还可以对此理由做另一方面的阐述。我们将扩展模型称为非对称信息下的扩展模型。这里所说的非对称信息，仅仅指委托人与异质性代理人之间的不对称性，而并非指代理人之间存在私人信息。我们所讲的故事是，委托人对于所属代理人的私人特征“一无所知”①，但作为下属的代理人之间却存在广泛的交流，因此异质性代理人彼此间并不存在信息优势或劣势，而是进行了一场完全信息的静态博弈。

表 4—3　　代理人 1 和 2 在静态博弈下的支付矩阵

		2	
		$e_2=1$	$e_2=0$
1	$e_1=1$	$E_1[U_1(e_1=1,e_2=1)]$； $E_2[U_2(e_1=1,e_2=1)]$	$E_1[U_1(e_1=1,e_2=0)]$； $E_2[U_2(e_1=1,e_2=0)]$
	$e_1=0$	$E_1[U_1(e_1=0,e_2=1)]$； $E_2[U_2(e_1=0,e_2=1)]$	$E_1[U_1(e_1=0,e_2=0)]$； $E_2[U_2(e_1=0,e_2=0)]$

4.3　博弈的纳什均衡

在本节中，我们将具体求解该博弈的纯策略纳什均衡。同时，这一过程也将内生决定委托人所采用的最优状态合约——工资与荣

① 实际上，委托人并非一无所知，而是虽然对代理人私人信息的总体分布有所了解，却完全无法区分代理人间的差别。也就是说，尽管委托人有一些信息，但在此处的博弈中，这些信息并不能够被正确应用，因此类似于“一无所知”。

誉奖励混合激励策略。之所以可以达到这样的效果，其背后的逻辑正如下文所述。

我们知道，纳什均衡的存在与否及其具体形式都完全取决于参与人对各种策略组合的评价，特别是其支付值的大小排序（序数性而非基数性），即博弈的支付矩阵决定博弈的均衡结构。然而在我们所定义的问题中，观察由式（4—11）至式（4—18）所给出的具体支付，我们发现，这些支付取决于三部分模型参数：

第一，外生参数（相对于代理人 1、2 的静态博弈而言，而非整个模型），例如描述生产成功概率的 π_0，π_1；

第二，代理人的特征信息，例如 $\{a_1, c_1, p_0, p_1\}$ 与 $\{a_2, c_2, q_0, q_1\}$；

第三，由委托人制定的状态合约的具体条款：$\{(w_1^n, s_1^n), (w_2^n, s_2^n)\}$，$n=1, 2, 3, 4$。

因此，相关支付的具体排序完全由以上三部分参数的赋值所决定。我们特别注意到，委托人的合约条款实际上能够影响支付矩阵，在这个意义下，任意的纳什均衡都有可能出现——只要委托人给出相应的合约条款。如此，代理人不同策略组合所构成的纳什均衡就和委托人的合约条款相互关联，我们也正是利用这种对应关系来讨论委托人所能采取的最优状态合约。在这里，仍有一个信息结构上的疑问需要说明。依照图 4—1 所示的博弈时序，在一开始，委托人公布了合约条款，但事实上，在此之前委托人已经能够采用逆向递归的方法猜测到她/他所公布的合约能够将代理人“引入”到何种纳什均衡的局势中去。委托人在权衡各种均衡下的收益与相应的合约成本之后，才正式宣布最优的激励合约，我们真正求解的也正是这一复杂的思考过程。委托人“刹那间”的决策在经济学家的视野中体现为，精致的利己动机如何在多人互动博弈的环境下得以实现。

我们还存在一些疑问：委托人是如何利用逆向归纳法来争取自身利益最大化的呢？如果要在扩展模型中进行子博弈完美纳什均衡的求解，双方的信念与思维过程应该是怎样的呢？如果拥有序贯理性的委托人在公布合约之前必须预测到其后代理人的纳什均衡，这是否也就意味着必须充分了解其后的博弈参与人——代理人 1、2 的类型信息呢？以上这些是否构成对扩展模型中“非对称信息”的一个违背呢？

事实并非如此。在扩展模型中，我们的确假设委托人由于不能分辨各自代理人的私人特征而无法针对某个具体的代理人设置相应的合约安排，因此只能采取模型所述的方案，即向异质性代理人公开唯一的状态合约条款，并依照状态实现情况履行一致合约安排。然而，尽管无法区分代理人的特征属性，但依照模型中共同知识的假设，委托人能够清楚地知晓参与博弈的代理人存在哪两种完全不同的类型。基于此，委托人虽然不能确定具体某个代理人的特定支付，但能够推测代理人的支付矩阵，尽管此时委托人所掌握的支付矩阵与静态博弈中代理人所了解的表 4—3 还有“些许”不同——委托人无法确定支付的特定归属人，即只能确定某种情形下双方的收益组合，而无法确知具体哪个收益属于代理人 1，哪个收益属于代理人 2。事实上，委托人甚至可以任意假定代理人 2 具有 $\{a_1, c_1, p_0, p_1\}$，代理人 1 自然被认为具有 $\{a_2, c_2, q_0, q_1\}$。这种假定虽然与实际不符，但依然可以产生一个类似表 4—3 的支付矩阵，只是此时要得到代理人在每种情形下的真正支付，可能需要先对其自身类型做真实还原，之后才能对支付矩阵进行赋值。但是这一还原真实类型的过程对于求解由策略组合所形成的纳什均衡来说并非必要，当然，对于某个代理人的均衡策略仍有关键影响。

综上所述，一旦委托人“模糊”地掌握了博弈双方的支付矩阵，尽管这一矩阵并不能真正对应代理人 1、2 的实际收益，但通

过这一信息，委托人就能够对其后的代理人博弈的纳什均衡作出预测。至于具体某个代理人的具体均衡策略，委托人仅凭非对称信息仍然是难以确知的。这就能够说明，扩展模型下的不对称信息假设，其实质在于迫使委托人无法针对特定的代理人进行“特殊定制”，而并非要求委托人一无所知。这样就能够保证委托人通过一致合约的发布，“引发”代理人之间的静态博弈，从而在代理人之间的博弈中最大化自身利益。当然，这种通过引发他人“战争”，从中“渔利”的前提必须是，能够对其后的博弈均衡有足够认知，这就要求委托人至少知晓博弈参与人可能的支付组合。我们可以用图 4—2 来形象化这一过程。

当理顺了委托人在这样情景下的思维逻辑之后，我们就能够充分理解如何从代理人 1、2 的纳什均衡策略出发来寻找委托人的最优状态合约，从而研究当委托人对荣誉和工资只能进行统一、公开、一致的分配时，如何从状态空间的视角出发混合使用这两种激励手段。

和前文类似，在本节中，我们将同样以命题和引理的形式来讨论各种均衡的可能性以及委托人分配荣誉奖励的最优模式，其中的证明也将蕴含我们的求解步骤和思路。

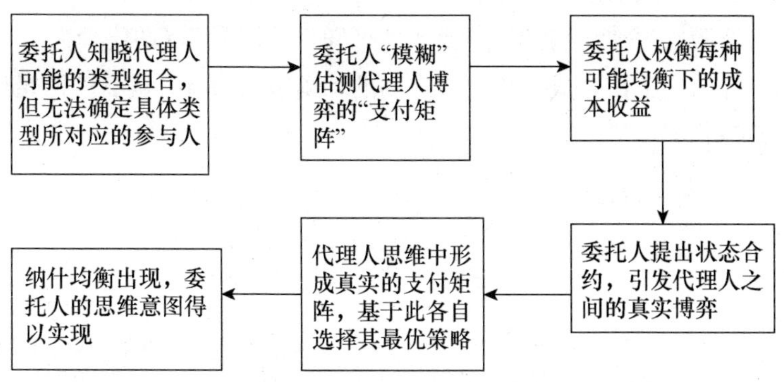

图 4—2　非对称信息下委托人的思维逻辑

回顾标准激励理论中的固定工资合约，我们知道，这种合约无论代理人的产出多少，都给予其某一固定数值的工资。当然，这种合约无法对代理人实施有效激励，从而克服非对称信息所产生的道德风险问题，因此对于委托人来讲效率甚低。然而，在第 3 章的基准模型中，由于模型设置了多代理人竞争环境，并且引入了代理人的荣誉比较机制，固定工资合约仍会以最优合约的方式出现，但其在激励方面的劣势被荣誉授予的非一致性所补足。在本节中，我们将首先讨论这种类似固定合约的激励策略，即无论产出的状态实现为何，委托人总是给予代理人固定的工资与荣誉，这种策略实际上表明合约的状态依赖性已经退化。我们希望研究，在存在非对称信息、多代理人竞争、荣誉比较机制、代理人认知偏差的扩展模型中，固定合约是否还是如此地低效，它能否在代理人之间促成有效率的均衡。对于这一问题，我们通过以下命题来作答。

命题 4.1 若代理人中存在悲观者（即，若代理人 1、2 的认知偏差满足 $p_1<p_0$ 或 $q_1<q_0$），则固定合约［合约支付不依赖于状态的实现，而源于委托人以公开的形式宣布一组固定的工资与激励条款：(w_1, w_2)，(s_1, s_2)[①]］不能激励代理人 1、2 都选择努力工作，从而导致情形 1 无法成为代理人博弈的纳什均衡。

证明： 由纳什均衡的充要条件可知，若情形 1（即代理人 1、2 均选择努力工作）成为代理人之间的均衡策略组合，则必然满足以下不等式组：

$$\begin{cases}E_1[U_1(e_1=1,e_2=1)]\geqslant E_1[U_1(e_1=0,e_2=1)]\\E_2[U_2(e_1=1,e_2=1)]\geqslant E_2[U_2(e_1=1,e_2=0)]\end{cases}\tag{4—19}$$

① 这里要理解为何只是一组固定合约条款，却包含两个不同的支付值。简单来说，委托人本质上仍然依据状态空间进行对应支付，但在固定合约中，支付和状态的实现值完全无关。更进一步的解释可见关于此命题的经济含义。

我们的目的在于判定在何种条件下，式（4—19）能够成立或者必然不成立。问题的难度在于代理人主观期望效用函数的复杂形式，造成计算极为冗余。

按照我们的定义，固定合约意味着对于某个代理人，在不同的状态下，合约形式相同，即：

$$w_1^1=w_1^2=w_1^3=w_1^4=w_1;w_2^1=w_2^2=w_2^3=w_2^4=w_2$$
$$s_1^1=s_1^2=s_1^3=s_1^4=s_1;s_2^1=s_2^2=s_2^3=s_2^4=s_2 \tag{4—20}$$

不等式组（4—19）的成立等价于下式成立：

$$\begin{cases}E_1[U_1(e_1=1,e_2=1)]-E_1[U_1(e_1=0,e_2=1)]\geqslant 0\\E_2[U_2(e_1=1,e_2=1)]-E_2[U_2(e_1=1,e_2=0)]\geqslant 0\end{cases} \tag{4—21}$$

此时将式（4—20）分别代入到式（4—11）、（4—13）、（4—15）、（4—17）中作为判断不等式组（4—21）成立与否的前提条件，经过代入并化简运算，我们将不等式组（4—21）等价变化为式（4—22）（为了避免错误，本书采用了 Maple 16.0 作为基本代数运算工具）：

$$\begin{cases}[(1-a_1)\cdot w_1\cdot s_1+a_1\cdot(s_1-s_2)]\cdot(p_1-p_0)-c_1\cdot p_1\geqslant 0\\ [(1-a_2)\cdot w_2\cdot s_2+a_2\cdot(s_2-s_1)]\cdot(q_1-q_0)-c_2\cdot q_1\geqslant 0\end{cases} \tag{4—22}$$

换句话说，情形 1 能否成为代理人之间的纳什均衡，完全取决于（充要条件）不等式组（4—22）成立与否。

观察到，式（4—22）中蕴含的两项——$[(1-a_1)\cdot w_1\cdot s_1+a_1\cdot(s_1-s_2)]$ 和 $[(1-a_2)\cdot w_2\cdot s_2+a_2\cdot(s_2-s_1)]$，其形式分别等价于代理人 1 和 2 对于委托人支付的主观评价。[①] 回忆前文假

① 注意到，这两项均未包含代理人的努力成本，因此不能简单称之为代理人的效用函数。

设，在求解代理人的纳什均衡时，我们假定代理人 1、2 都自愿加入博弈，即委托人给予代理人的支付都高于代理人的保留效用，使其自然满足参与约束。事实上，我们要求代理人的保留效用为 0，而这一限制使得委托人给予代理人的有效支付必定使其主观评价大于或等于 0，即必然有：

$$\begin{cases}[(1-a_1)\cdot w_1\cdot s_1+a_1\cdot(s_1-s_2)]\geqslant 0\\[(1-a_2)\cdot w_2\cdot s_2+a_2\cdot(s_2-s_1)]\geqslant 0\end{cases}\tag{4—23}$$

结合式（4—23）、$c_1\cdot p_1>0$、$c_2\cdot q_1>0$，显然可得：若 $p_1<p_0$ 或 $q_1<q_0$，则有：

$$[(1-a_1)\cdot w_1\cdot s_1+a_1\cdot(s_1-s_2)]\cdot(p_1-p_0)-c_1\cdot p_1<0$$

或者

$$[(1-a_2)\cdot w_2\cdot s_2+a_2\cdot(s_2-s_1)]\cdot(q_1-q_0)-c_2\cdot q_1<0$$

此时，不等式组（4—22）不成立，故而情形 1 必然不能成为代理人博弈的纳什均衡。 ■

经济含义：这一命题的证明并不复杂，但我们有必要对其背后的逻辑进行解释。首先注意到，尽管引入了多代理人、多状态的设置，然而在扩展模型中，“固定合约”的本质属性仍然类似于单个代理人下的标准委托代理模型——对于某个特定代理人来说，合约支付与其产出多寡无关，独立于状态的实现值。然而，这种合约条款仍然有别于第 3 章中的最优固定工资解——基准模型下的最优合约，委托人对某个代理人的工资支付同样不依赖于其产出，表现出固定工资的特征。但与本章迥异的是，在基准模型中，由于委托人清晰地了解代理人的内在特征，因此两个代理人固定工资的差异完全反映了代理人的属性差异；但在非对称信息的扩展中，委托人无法分辨代理人的内在特质，因此这里的固定工资差异并不意味着代

理人特征属性的差异。

前面我们已经提到，尽管委托人无法从内在对代理人进行本质区分，但依旧可以轻松地对其进行标记（也许依靠外部信息标记），而整个状态空间也是建立在这种表层区分之上的。一旦做好了这种外部区分，委托人就能够依据状态合约的要求进行简单对应，并进行相应支付。举例来说，委托人事先任意标记代理人 1、2 为 A、B（实际上，A、B 仍有某种序数关系，因此正文仍用 1、2，只需要明确此时的“1、2”并不代表类型的 1 与 2 之分）。若 A 的产量为高，B 的产量为低，则意味着状态实现为 ω_2，委托人按照公示的合约条款，自然应该向代理人 A 支付 w_1^2 及 s_1^2，向代理人 B 支付 w_2^2 及 s_2^2。特殊之处在于，固定合约使得状态实现无效，但表面的区分依然发挥作用。

命题 4.1 表明，只要采用公开形式的固定合约模式，并且代理人中存在认知偏差的悲观者，委托人对代理人所进行的任意标记，都不会影响固定合约在激励方面的低效——公开的固定合约无法使得代理人 1、2 都努力的情形 1 成为双方博弈的稳定均衡。直觉上，为何有这样的结果？关键在于理解代理人的认知偏差是如何导致其各自偏离“努力”的决策。由于代理人在四种状态下的工资支付都相同，且不存在比较效应，故代理人在进行决策选择时，重点在于权衡努力与否所导致的荣誉奖励的变化。

若“我”认定对方努力，加之由于“我”存在悲观型的认知偏差，因而选择不努力，反而在主观认知上会获得较“努力”时更高的期望效用，而这一正效用的“溢出”正是来源于“我”基于悲观认知偏差对状态空间的“扭曲”估测。这种扭曲虽然能够让“我”获得正效用，却使得代理人 1、2 不能达成委托人所期待的效率均衡。

命题 4.1 揭示了固定合约的无效性，这一点并不意外。但在证

明过程中，我们发现，固定合约在激励方面也并非“一无是处”，特别是在本章的扩展模型中，我们能够找出在非对称信息环境下，在存在认知偏差与荣誉比较的多代理人博弈中，固定合约发挥作用的必要条件。

命题 4.2 若代理人都是相对乐观者，即满足 $p_1<p_0$ 和 $q_1<q_0$，则存在不依赖状态改变的固定合约，可以激励代理人 1、2 都努力，使得情形 1 成为后续博弈的纳什均衡解。这类特殊合约具有如下特征：较高的荣誉奖励匹配较低的工资支付；较低的荣誉奖励匹配较高的工资支付。

证明： 由命题 4.1 的证明可知，不等式组（4—22）的成立构成了固定合约有效性的充要条件，即委托人通过固定合约可以引导情形 1 稳定出现，并构成代理人之间的纳什均衡：

$$\begin{cases}[(1-a_1)\cdot w_1\cdot s_1+a_1\cdot(s_1-s_2)]\cdot(p_1-p_0)-c_1\cdot p_1\geqslant 0\\ [(1-a_2)\cdot w_2\cdot s_2+a_2\cdot(s_2-s_1)]\cdot(q_1-q_0)-c_2\cdot q_1\geqslant 0\end{cases}$$

注意到，由于委托人首先需要保证代理人 1、2 参与博弈，即满足其参与约束，因而委托人对他们的任意合约支付必须使其效用高于其各自的保留效用——在前文中将之设定为 0。因而无论委托人固定合约的具体支付为何，都有：

$$[(1-a_1)\cdot w_1\cdot s_1+a_1\cdot(s_1-s_2)]\geqslant U_1=0$$
$$[(1-a_2)\cdot w_2\cdot s_2+a_2\cdot(s_2-s_1)]\geqslant U_2=0$$

此外，从命题 4.1 的证明我们知晓 p_1-p_0 和 q_1-q_0 必须处于 0 到 1 之间（若非如此，则由命题 4.1 可知，必然无法激励代理人出现情形 1）。基于这两点，我们便可以对不等式组（4—22）做适当放缩，以求得相应结论的必要非充分条件。

首先，不等式组（4—22）在此处可以被改写为：

$$\begin{cases}[(1-a_1)\cdot w_1\cdot s_1+a_1\cdot(s_1-s_2)]\geqslant\dfrac{c_1\cdot p_1}{p_1-p_0}\\[(1-a_2)\cdot w_2\cdot s_2+a_2\cdot(s_2-s_1)]\geqslant\dfrac{c_2\cdot q_1}{q_1-q_0}\end{cases}\tag{4—24}$$

再因 p_1-p_0，$q_1-q_0\in(0,1]$，我们对不等式组（4—24）进行放缩，即可以得到：

$$\begin{cases}[(1-a_1)\cdot w_1\cdot s_1+a_1\cdot(s_1-s_2)]\geqslant c_1\cdot p_1\\[(1-a_2)\cdot w_2\cdot s_2+a_2\cdot(s_2-s_1)]\geqslant c_2\cdot q_1\end{cases}\tag{4—25}$$

考虑到委托人与代理人的利益存在冲突，在标准的合约理论中，我们通常要求不等式组（4—25）中的不等关系取“紧”，即委托人的支付都使得代理人的主观效用将到达效率条件满足的临界值处，从而获得尽可能大的剩余，这一做法也必然将代理人的剩余压缩至最低。这一现象根源于博弈双方的谈判力（bargaining power）高度不对等。与基准模型类似，本章的委托人依然拥有全部的谈判力，提供“要么接受，要么退出”的合约条款，代理人不具有任何再谈判能力。只要符合这个基本特征，我们就能使用这一“紧件”（compact），从而将不等式组（4—25）变为方程组（4—26）。

$$\begin{cases}[(1-a_1)\cdot w_1\cdot s_1+a_1\cdot(s_1-s_2)]=c_1\cdot p_1\\[(1-a_2)\cdot w_2\cdot s_2+a_2\cdot(s_2-s_1)]=c_2\cdot q_1\end{cases}\tag{4—26}$$

事实上，若将委托人的固定合约条款 $\{s_1, s_2, w_1, w_2\}$ 视为方程组（4—26）中的未知数，则此方程组无法求解。然而，此处我们仅仅需要有关合约支付的部分信息，因而有关未知数的函数关系就能满足我们的要求。

求解上述方程组，我们即可得到：

$$\begin{cases} s_1 = \dfrac{a_1 \cdot c_2 \cdot q_1 + [a_2 + (1-a_2) \cdot w_2] \cdot c_1 \cdot p_1}{a_2 \cdot (1-a_1) \cdot w_1 + a_1 \cdot (1-a_2) \cdot w_2 + (1-a_1) \cdot (1-a_2) \cdot w_1 \cdot w_2} \\ s_2 = \dfrac{a_2 \cdot c_1 \cdot p_1 + [a_1 + (1-a_1) \cdot w_1] \cdot c_2 \cdot q_1}{a_2 \cdot (1-a_1) \cdot w_1 + a_1 \cdot (1-a_2) \cdot w_2 + (1-a_1) \cdot (1-a_2) \cdot w_1 \cdot w_2} \end{cases} \tag{4—27}$$

上式蕴含了在这类特殊的固定合约（即能够激励情形 1 出现的合约条款）中，荣誉奖励与工资支付所应满足的函数关系。我们的目的是希望通过式（4—27）所表达的函数关系求证命题 4.1 中所揭示的“特殊”固定合约的根本特征。

作为荣誉奖励，之前的模型已经详述其特质，我们更为在意的只是其相对排序，因而在此处，我们同样需要对其做大小比较。

$$\Delta s = s_1 - s_2 = \frac{(1-a_2) \cdot w_2 \cdot c_1 \cdot p_1 - (1-a_1) \cdot w_1 \cdot c_2 \cdot q_1}{a_2 \cdot (1-a_1) \cdot w_1 + a_1 \cdot (1-a_2) \cdot w_2 + (1-a_1) \cdot (1-a_2) \cdot w_1 \cdot w_2} \tag{4—28}$$

由假定和模型环境可知，式（4—28）的分母严格为正，因此 Δs 的正负符号完全等价于其分子的正负性，即判定以下哪个不等关系成立：

$$(1-a_2) \cdot w_2 \cdot c_1 \cdot p_1 > (1-a_1) \cdot w_1 \cdot c_2 \cdot q_1$$

或者

$$(1-a_2) \cdot w_2 \cdot c_1 \cdot p_1 < (1-a_1) \cdot w_1 \cdot c_2 \cdot q_1$$

对以上不等关系做简单变换（前提是，这些变量都大于 0），就会发现可以将其等价为判定式（4—29）成立与否：

$$\frac{w_2}{w_1} > \frac{(1-a_1) \cdot c_2 \cdot q_1}{(1-a_2) \cdot c_1 \cdot p_1} \tag{4—29}$$

也就是说，这种可以导致情形 1 成为代理人纳什均衡的特殊固定合约，具有如下特征：

$$s_1 > s_2 \Leftrightarrow w_2 > \frac{(1-a_1)\cdot c_2\cdot q_1}{(1-a_2)\cdot c_1\cdot p_1}\cdot w_1 \tag{4—30}$$

以上表达了一种等价关系，接下来我们根据不同的参数条件进行具体分析。

很显然，当 $\frac{(1-a_1)\cdot c_2\cdot q_1}{(1-a_2)\cdot c_1\cdot p_1}>1$ 时，由式（4—30）可以得到：

$$s_1 > s_2 \Leftrightarrow w_2 > w_1 \tag{4—31}$$

当 $0<\frac{(1-a_1)\cdot c_2\cdot q_1}{(1-a_2)\cdot c_1\cdot p_1}<1$ 时，我们对关系式（4—30）做等价变换：

$$s_1 < s_2 \rightleftharpoons w_2\cdot\frac{(1-a_2)\cdot c_1\cdot p_1}{(1-a_1)\cdot c_2\cdot q_1} < w_1$$

此时同样可以得出：

$$s_1 < s_2 \Leftrightarrow w_2 < w_1 \tag{4—32}$$

至此我们证明了这类特殊的固定合约支付条款的独特性质：高荣誉奖励对应低工资支付；低荣誉奖励匹配高工资支付。 ■

经济含义：从表面来看，命题 4.2 所揭示的规律与现实情况有所出入，似乎我们更为常见的是，高的荣誉奖励往往对应着高的货币收入，反之亦然。如何理解理论命题与现实的这一差距呢？

首先，我们需要仔细审视我们所“眼见”的现实是否确为事实的真相。2011 年出版的一本著作——《中外功勋荣誉制度》①，为

① 参见张树华、潘晨光：《中外功勋荣誉制度》，北京，中国社会科学出版社，2011。

我们提供了一个全面分析各种荣誉奖励的翔实材料。在这样一本材料的集合中，作者归纳了几点经验事实，在此处我们引证两段材料如下：

> 功勋荣誉奖励重视精神荣誉，但比物质和金钱奖励更具表现力和激励性。世界上许多国家的国家级奖励大多不设任何物质激励，而是通过在政府公报等媒体上公布获奖名单，由国家元首签署或亲自授予勋章、奖章……①
>
> 荣誉的授予对象往往是超出自身责任、义务，表现出某种特殊品质的人，这种品质具有模范和表率作用。例如在“战斗中冒着生命危险，在义务之外表现出英勇无畏”。②

从这些具有典型代表意义的事实归纳中，我们发现，如果更加系统、全面地考察各国、各个组织中的荣誉奖励，就不会支持之前的臆断感受——高荣誉奖励往往对应高货币收入。基于对《中外功勋荣誉制度》一书的理解，我们提出以下两个原因：

第一，荣誉奖励在更多的情况下都是精神性（spirituality）的，因此往往不涉及货币或其他物质激励。当然，在一个动态的多期环境下，这种精神象征层面的荣誉奖励，也许会带来后期的、更加长远的物质利益，但在直觉上，我们常常混淆了“一期静态”和“多期动态”的阶段性差别。正因如此，命题 4.2 才“似乎”与“现实”不符。实质上，命题 4.2 是在一期环境设定下的推论，其中的代理人也不会有多期的决策与利益权衡。在此意义下，命题 4.2 就能够很好地解释限定在一期环境中的经验事实，并给出了其中的经济机制。

---

① 张树华、潘晨光：《中外功勋荣誉制度》，4 页，北京，中国社会科学出版社，2011。

② 同上书，406 页。

第二，荣誉、功勋大都不会奖励正常完成本职责任、义务的行为，而是用于表彰在责任、义务之外的杰出品质。将这一事实体现在我们的经济理论中，就会发现，这种超出本职义务的行为，实际上增大了决策者的行动成本，并且这一成本不能由与委托人的缔约所涵盖，或者说，这一成本完全不能市场化交易，属于决策者个人的内在成本。考虑到这样的情形，即使在同等工资支付的情形下，获得荣誉奖励的个人实际所得到的货币工资支付也会因为不能够交易的内在成本而大为降低。故而，在此意义下，现实中也随处可以看到“高荣誉奖励、低物质支付”的情景，这与命题 4.2 的结论一致。

当然，我们也已经提到，命题 4.2 中所论及的固定合约具有其特殊的适用范围。例如此种合约的存在前提是，代理人 1、2 都是相对乐观者，都会系统地高估自身努力的效用，同时我们都将讨论限定在了一期博弈之中，使得代理人完全不会在意荣誉奖励可能衍生的任何未来收益。具体来看，这一固定合约是如何使用并发挥功效的呢？其背后的经济直觉又是怎样的呢？这都需要我们对命题作出补充和诠释。

按照我们的设定，事先，委托人公开向代理人 1、2 宣布两种不同的合约支付组合——高荣誉、低工资组合与低荣誉、高工资组合，并且说明，在代理人的产出实现后，由委托人视其状态空间的具体实现程度进行分配。由于委托人采取的合约条款在四种状态下都一致，因而，我们假定事后委托人按照随机标志的原则，将两种不同的合约组合对代理人 1、2 进行任意分配。依照模型的假设，这一点在事前的合约信息披露中并不明确指出。即便如此，这一设定仍然满足模型中我们对委托人的信息要求，即明确知道存在两个完全异质的代理人，却无法具体识别。如此使用固定合约，特别是信息披露的具体方式和过程，才能与我们所模拟的建模过程一致，方能在现实中体现命题 4.2 的价值。尽管命题 4.2 及其证明，借助

严谨的数学推理向我们展示了，在这样的固定合约下，无论哪个代理人都没有偏离自身努力的动机，从而保证了情形 1 作为纳什均衡而出现。但如果将其还原为现实的经济情景，又该如何理解呢？首先，我们认为委托人的这种高低匹配的支付方式避免了任何一方的绝对劣势，从而使得无论能力高低、对于他人如何猜测的代理人都有获得“正收益”的可能，激励了代理人主动加入博弈。其次，尽管在固定合约中，代理人的所得并不依赖于产出，若是在标准的委托代理框架下，这将引发道德风险，导致代理人消极怠工，然而，在存在荣誉比较的多代理人环境中，委托人事先公布的固定合约却不一定总会带来代理人的低效率，究其本质在于委托人事后对于固定合约的不确定性匹配。也就是说，代理人事前无法知道，委托人究竟会把哪个固定合约分派给自己。正是由于这一不确定性的存在，加之荣誉奖励在群体之间的比较功能，她/他不得不在意对方的荣誉所得。在这种动机下，配合委托人施予的“无最劣”合约组合，相对乐观的代理人自然具有了充分的动机选择努力工作，从而避免了消极的道德风险，使得情形 1 成为稳定的均衡预测。

当然，除了前文所列举的《中外功勋荣誉制度》中当代荣誉奖励中的典型事实经验之外，中国古代庞大而复杂的荣爵制度也为命题 4.2 提供了丰富的历史素材。同第 3 章类似，我们依然引证阎步克所著的《中国古代官阶制度引论》，该书第四章——“品秩的构成要素三：薪俸”详细论述了我国历代荣勋爵位与其薪俸之间的复杂关系。其中作者论证到，赏赐与秩级不完全成正比，赏赐等级与荣誉秩级并不重合，它揭示了我国古代荣爵制度的另一些细微之处。[①]

① 参见《中国古代官阶制度引论》第四章，162 页。关于我国古代爵位与官职的分离，在本书第 3 章中已经做过论述。简单来说，汉代以后，爵级并不构成任官资格，因此更加类似于一种荣誉、身份的象征，而非权力的体现。参见阎步克：《官阶与服等》，上海，复旦大学出版社，2010。

第5章 模型的总结及其现实意义

本章回顾了前四章的工作与发现，并结合我国研究“设计国家荣誉制度”、“建立国家功勋奖励制度”的时代背景，论述了本书理论模型的现实意义。

5.1 对理论模型的回顾

本书的前四章，从现实世界普遍存在的非物质激励出发，系统地论述了荣誉、地位、排名这些精神层面的象征物在激励组织成员、实现组织目标方面的重大作用。之后，重点从经济学的视角分析了应该如何理解荣誉奖励的激励效能。当我们对组织中的锦标赛理论进行了文献分析之后，发现作为当

前组织经济学中的热点理论，锦标赛理论在解释荣誉奖励等非物质激励时，有其天然的理论局限。这些局限一方面来自荣誉、地位等精神象征物的独有特点，例如：

第一，对于颁奖者而言，荣誉奖励成本极低，但对于接受者却具有高效用。

第二，荣誉奖励的“价值”与组织中的社会比较有关，因此，组织中受到该类奖励的人越多，其相对“价值”越低。

第三，荣誉奖励对于未获奖的其他人具有负面刺激，因而存在“外部性”问题。

另一方面来自锦标赛理论本身所具有的理论局限性在荣誉方面的放大，例如：

第一，锦标赛理论的有效性要求参赛者、组织架构以及比赛过程高度同质、均匀、稳定，然而如果涉及非物质激励，则这一要求很难在现实中得以满足。

第二，锦标赛理论假设参赛者具有独立性，奖励或晋升主要依靠个人绩效的比拼。然而，大多数组织并非依靠其成员的单打独斗，而是以团队合作和团队产品的有效生产为基础，荣誉奖励的一个很大的目的也是弥合组织内部由于高度的竞争性所造成的效率损失。

因此，如果我们希望对组织中的荣誉奖励等现象作出更好的理论解释，锦标赛理论就不能满足我们当前的需求。基于大量的生物学、社会心理学、行为经济学的基础研究，我们采取了单一委托人—多代理人的模型设定。不同的是，在这样的组织环境中，代理人尤其看重荣誉奖励的社会比较功能，荣誉本身以及与荣誉的比较都能直接形成代理人的主观效用，同时代理人还具有认知偏差。在这样的经济环境中，我们考虑委托人与代理人的一期行为博弈问题。

在第 3 章的基准模型中，完全且完美的信息设定，使得委托人可以轻松识别代理人，并且针对其特征进行个性化的合约设计。因此，在这个部分，我们采用了最优合约设计的方法，讨论委托人选取何种合约才能使得组织的效能最大。最终，命题 3.3 向我们展示了一个看似“悲观”的世界：若委托人希望以混合合约（薪酬与荣誉）的方式，有效率地激励所有代理人都努力工作，则势必要破坏直觉意义上的“公平”，即这样的合约必定无法排除存在某个代理人向委托人进行逆向支付，以此种方式获得更高的社会认可。这种情形，就是我们通常所说的“腐败”。在命题 3.3 所论述的环境中，它必然会出现，并会扭曲对代理人的荣誉授予。

除此之外，最优荣誉分配方案也非常奇异。命题 3.5 所论述的合约条件是状态依赖的，针对每一种不同的状态，荣誉分配规则都有其特殊含义。我们清楚地看到，并不存在一个在标准委托代理模型中所常见的“多产多得”或者在锦标赛理论中“胜者通吃”的单一教条，而是针对不同的状态实现和代理人参数，不断调整荣誉的授予结果。这一特征体现了合约的复杂性、多样性，同时也再次印证了在组织中的荣誉奖励问题上，锦标赛模型并不是一个很好的理论预测，也许我们本书的模型可以成为一个良好的补充。

当我们改变信息结构，使得委托人无法准确识别代理人的异质性时，第 4 章扩展模型中的子博弈完美纳什均衡，向我们揭示了考虑荣誉奖励的固定合约并非在任何情形下都无法起到激励作用。命题 4.2 就向我们提供了一种“高荣誉、低工资”的固定组合支付是如何激发全部代理人都努力工作，从而使得最大的激励效能以纳什均衡的形式稳定出现的。

在论证并解释以上这些发现的过程中，我们大量参考并引用了研究我国古代荣誉奖励制度——勋爵制度的历史文献，从而为我们

的命题找到了丰富的案例和旁证。同时，当代中外功勋荣誉制度的典型事实，也在模型中得以解释和说明。

5.2 本书的现实意义

模型的作用在于抽象并理解现实。“建立国家功勋奖励制度”作为重要的人才激励机制，有利于政治稳定和政治传承，有利于社会结构的稳定和良性流动。然而，荣誉奖励的设置、评选规则的制定、颁奖程序的安排对于实现激励人心、融合组织的功能至关重要。这一问题至少在组织经济学家的视野中仍然值得继续进行理论探索，仍然存在很大的迷思。所有类型的荣誉功勋都应该具有大致相同的授奖规则，还是应该针对其不同的精神内核具有高度的自由性呢?

本书的工作，向我们证明了最优的荣誉分配规则恰恰是复杂和多样的，往往具有非常高的模糊性，既不存在“多产多得”的教条，也不存在“锦标赛”式的许诺。常常被人诟病的固定合约并非不能起到激励作用。引入荣誉比较和认知偏差，即使和产出无关的固定支付也能够使得组织发挥出最大的激励效能。考虑到当前我国公务员实行的是等级而非绩效工资制，因此恰当地引入荣誉奖励，可能是一个较好的激励方案。

同时，我们必须要正视，荣誉奖励的设置可能会造成腐败与公平扭曲。在基准模型中，我们已经看到，当组织面临价值观“一元化”、内部代理人都对某种荣誉或身份象征过分痴迷时，该组织内部的公平合约关系将被取代，组织中必定会出现腐败。因而在理论上，我们认为，荣誉奖励应该倡导更加包容、更加多元的精神内涵，在不同精神价值维度上设置多个荣誉奖励，这样将有助于消除

代理人对于单一荣誉对比的痴迷状况，增大荣誉奖励的正向激励作用。

当然，本书的模型只是在此领域的一个最初尝试，很多问题仍需深入考虑。比如，如何将本书的一期模型扩展至多期动态？在动态环境中，代理人的认知偏差会存在贝叶斯更新，这将大大丰富模型的解释力和内涵。本书并未考虑异质性代理人之间的替代或互补性，如果他们之间存在合作或竞争，荣誉奖励又将如何改变这种组织生产结构带来的限制呢？这些有趣的话题，必将推动组织经济学在非物质激励问题上的不断演进。

参考文献

中文文献

［1］曹循．明代臣僚封爵制度略论［J］．西北师范大学学报（社会科学版），2011（1）．

［2］陈明光．孙吴封爵制度商探［J］．中国史研究，1995（3）．

［3］陈明光．曹魏的封爵制度与食封支出［J］．西北师范大学学报（社会科学版），2005（2）．

［4］杜家骥．清代的宗室封爵及其等级差别的特殊性［J］．满族研究，1997（1）．

［5］杜文玉，王丽梅．五代十国封爵制度初探［J］．陕西师范大学继续教育学报，2003（4）．

［6］冯和林．西汉列侯的性质与法律地位［D］．中国政法大学，2010．

［7］龚敏．早期斯图亚特英国贵族官员腐败原

因初探［D］. 武汉大学，2005.

［8］韩亚男. 东汉列侯的等级、绍封及传袭特征探讨［D］. 吉林大学，2008

［9］洪海安. 唐代铁券相关问题研究［D］. 陕西师范大学，2010

［10］姜德福. 16—18世纪英国贵族的社会地位［D］. 东北师范大学，2003.

［11］景和. 清朝封爵中的“入八分”与“不入八分”所指为何?［J］. 历史教学，1989（5）.

［12］李宝臣. 清代宗室王公封爵制度考析［A］. 文化部恭王府管理中心. 清代王府及王府文化国际学术研讨会论文集［C］，2005（12）.

［13］李宏，郑全全. 错误管理理论：一种新的认知偏差理论［J］. 心理科学进展，2002（1）.

［14］刘兵. 二十等到五等［D］. 山西大学，2008.

［15］刘敏. 承袭与变异：秦汉封爵的原则和作用［J］. 南开学报，2002（3）.

［16］刘芮方. 周代爵制研究［D］. 东北师范大学，2011.

［17］刘洋. 清代前期旌表制度研究［D］. 黑龙江大学，2011.

［18］鲁力. 曹魏爵级及授与情况探讨［J］. 武汉大学学报（人文科学版），2012（4）.

［19］孙家洲. 光武帝独出心裁的封爵之赏——“不义侯”［J］. 史学集刊，2012（1）.

［20］王晋新. 论早期斯图亚特王朝的封爵政策及其后果——17世纪英国革命前的社会矛盾透析［J］. 东北师范大学学报，1998（5）.

［21］王晋新. 试论英国女王伊丽莎白一世的封爵政策［J］.

东北师范大学学报，1997（3）.

［22］王军．管理决策中的个体认知偏差研究［D］．辽宁大学，2009.

［23］王仙花．中国封建社会特殊的财政举措——卖官鬻爵［J］．山西财经大学学报，2002（6）.

［24］王彦章．清代的奖赏制度研究［D］．浙江大学，2005.

［25］魏栋培．唐代食实封制度探析［D］．华东政法大学，2007.

［26］温霞．汉代卖官鬻爵研究［D］．陕西师范大学，2010.

［27］徐芬．论带“五等”字号的虚封爵——晋宋之际国家官爵制度上的变化之一［J］．三峡大学学报（人文社会科学版），2009（5）.

［28］阎步克．官阶与服等［M］．上海：复旦大学出版社，2010.

［29］阎步克．品位与职位［M］．北京：中华书局，2002.

［30］阎步克．中国古代官阶制度引论［M］．北京：北京大学出版社，2010.

［31］杨眉．秦汉爵制问题研究综述［J］．中国史研究动态，2010（1）.

［32］杨媚．秦汉爵制问题再探讨［D］．西北师范大学，2005.

［33］张树华，潘晨光，祝伟伟．关于中国建立国家功勋荣誉制度的思考［J］．政治学研究，2010（3）.

［34］张兴成．晋室封爵历史渊源略探［J］．扬州大学学报（人文社会科学版），2013（3）.

［35］张学锋．西晋诸侯分食制度考实［J］．中国史研究，2001（1）.

［36］赵鑫．社会比较中的认知偏差探析［D］．西北师范大学，2009.

［37］周爱保，赵鑫．过度自信的研究展望［J］．心理与行为研究，2009（3）．

［38］周爱保，赵鑫．任务类型与信息清晰度对社会比较中认知偏差的影响［J］．心理科学，2009（4）．

［39］周爱保，赵鑫．社会比较中的认知偏差探析："优于常人"效应和"差于常人"效应［J］．心理学探新，2008（1）．

［40］宗亮，张敏．蜀汉封爵制度考论［J］．中华文化论坛，2008（2）．

英文文献

［1］Adams，J. S.（1963）．"Toward an understanding of inequity." *Journal of Abnormal and Social Psychology*，67：422–436.

［2］Ahuja，M. K.，Galletta，D. F.，and Carley，K. M.（2003）．"Individual centrality and performance in virtual R&D groups：An empirical study." *Management Science*，49（1）：21–38.

［3］Akerlof，G. A.，and Kranton，R. E.（2005）．"Identity and the economics of organizations." *Journal of Economic Perspectives*，19（1），9–32.

［4］Alderfer，C. P.（1972）．*Existence，relatedness，and growth：Human needs in organizational settings*. New York：Free Press.

［5］Almenberg，J.，and Dreber，A.（2009）．"Lady and the trump：Status and wealth in the marriage market." Kyklos，62（2）：161–181.

［6］Ambrose，M. L.，and Kulik，C. T.（1999）．"Old friends，new faces：Motivation research in the 1990s." *Journal of Management*，25，231–292.

［7］Anabtawi，I.（2005）．"Explaining pay without perform-

ance: The tournament alternative." *Emory Law Journal*, 54 (4), 1557-1602.

[8] Aquino, K., Grover, S. L., Bradfield, M., and Allen, D. G. (1999). "The effects of negative affectivity, hierarchical status, and self-determination on workplace victimization." *Academy of Management Journal*, 42 (3), 260-272.

[9] Ariely, D. (2009). "The end of rational economics." *Harvard Business Review*, 87 (7/8), 78-84.

[10] Ariely, D., Gneezy, U., Loewenstein, G., and Mazar, N. (2009). "Large stakes and big mistakes." *The Review of Economic Studies*, 76 (2), 451-469.

[11] Armstrong, J. S. (1983). "The ombudsman: Cheating in management science." *Interfaces*, 13 (4), 20-27.

[12] Auriol, E., and Renault, R. (2008). "Status and incentives." *The RAND Journal of Economics*, 39 (1), 305-326.

[13] Auriol, E., and Renault, R. (2000). "The costs and benefits of symbolic differentiation in the workplace." *IDEI Working Paper*, 101.

[14] Auriol, E., and Renault, R. (2001). "Incentive hierarchies." *Annales d'Economie et de Statistique*, 261-282.

[15] Azmat G., Iriberri N. (2010). "The importance of relative performance feedback information: Evidence from a natural experiment using high school students." *Journal of Public Economics*, 94 (7), 435-452.

[16] Baker, G. P. (1992). "Incentive contracts and performance measurement." *Journal of Political Economy*, 100 (3), 598-614.

[17] Baker, G. P., Jensen, M. C., and Murphy, K. J.

(1988). "Compensation and incentives: Practice vs. theory." *Journal of Finance*, 43, 593-616.

[18] Ball S., Eckel, C. C. (1998). "The economic value of status." *The Journal of Socio-Economics*, 27 (4), 495-514.

[19] Ball, S., and Eckel, C. C. (1996). "Buying status: Experimental evidence on status in negotiation." *Psychology and Marketing*, 13 (4), 381-405.

[20] Ball, S., Eckel, C. C., Grossman, P. J., and Zame, W. (2001). "Status in markets." *Quarterly Journal of Economics*, 116 (1), 161-188.

[21] Bandiera, O., Barankay, I., and Rasul, I. (2010). "Social incentives in the workplace." *Review of Economic Studies*, 77 (2), 417-458.

[22] Bandiera, O., Barankay, I., and Rasul, I. (2005). "Social preferences and the response to incentives: Evidence from personnel data." *Quarterly Journal of Economics*, 120 (3), 917-962.

[23] Bandura, A. (1986). *Social Foundations of Thought and Action: A Social Cognitive Theory*. Englewood Cliffs, NJ: Prentice-Hall.

[24] Becker, B. E., and Huselid, M. A. (1992). "The incentive effects of tournament compensation effects." *Administrative Science Quarterly*, 37 (2), 336-350.

[25] Belliveau, M. A., O'Reilly, C. A., and Wade, J. B. (1996). "Social capital at the top: Effects of social similarity and status on CEO compensation." *Academy of Management Journal*, 39 (6), 1568-1593.

[26] Benabou, R., and Tirole, J. (2003). "Intrinsic and extrinsic

motivation." *The Review of Economic Studies*, 70 (3), 489-520.

[27] Benabou, R., and Tirole, J. (2004). *Incentives and Prosocial Behavior*. Unpublished manuscript, Princeton University.

[28] Berger, J. H., Conner, T. L., and Fisek, M. H. (1981). *Expectation states theory*. University Press of America.

[29] Berger, J., and Zelditch Jr., M. (Eds.). (1998). *Status, Power, and Legitimacy: Strategies and Theories*. Transaction Publishers.

[30] Berger, J., Fisek, H., Norman, R. Z., and Zelditch, M. (1977). *Status Characteristics and Social Interaction: An Expectation States Approach*. New York: Elsevier.

[31] Berger, J., Fisek, M. H., Ridgeway, C. L., and Norman, R. Z. (1998). "The legitimation and delegitimation of power and prestige orders." *American Sociological Review*, 63 (3), 379-405.

[32] Besley, T., and Ghatak, M. (2005). "Competition and incentives with motivated agents." *The American Economic Review*, 95 (3), 616-636.

[33] Besley, T., and Ghatak, M. (2008). "Status incentives." *American Economic Review*, 98 (2), 206-211.

[34] Bhattacharya, H., and Dugar, S. (2013). "Contests for ranks: Experimental evidence." *Southern Economic Journal*, 79 (3), 621-638.

[35] Bhattacharya, S., and Guasch, J. L. (1988). "Heterogeneity, tournaments, and hierarchies." *Journal of Political Economy*, 96 (4), 867-881.

[36] Bognanno, M. L., 1994. "CEO pay as a tournament prize." *Labor Law Journal* , 45 (8), 485-492.

[37] Bolton, G. E., and Ockenfels, A. (2000). "ERC: A theory of equity, reciprocity, and competition." *American Economic Review*, 166-193.

[38] Brass, D. J. (1984). "Being in the right place: A structural analysis of individual influence in an organization." *Administrative Science Quarterly*, 29 (4), 518-539.

[39] Bratton, W. W. (2005). "The academic tournament over executive compensation." *California Law Review* , 93 (5), 1557-1584.

[40] Brennan, G., and Pettit, P. (2004). *The Economy of Esteem: An Essay on Civil and Political Society*. Oxford, UK: Oxford University Press.

[41] Brewer, M. B., and Kramer, R. M. (1985). "The psychology of intergroup attitudes and behavior." *Annual Review of Psychology*, 36 (1), 219-243.

[42] Bull, C., Schotter, A., and Weigelt, K. (1987). "Tournaments and piece rates: An experimental study." *Journal of Political Economy* , 95 (1): 1-32.

[43] Byrne, J. A. and Bongiorno, L. (1995). "CEO pay: Ready for takeoff." *BusinessWeek* (April 24), 88-110.

[44] Cadinu, M., and Reggiori, C. (2002). "Discrimination of low-status outgroup: The role of in-group threat." *European Journal of Social Psychology*, 32 (4), 501-515.

[45] Carli, L. L., LaFleur, S. J., and Loeber, C. C. (1995). "Nonverbal behavior, gender, and influence." *Journal of Personality and Social Psychology*, 68 (6), 1030.

[46] Carmichael, L. H. (1983). "The agent-agents problem: Payment by relative output." *Journal of Labor Economics*, 1 (1), 50–65.

[47] Chambers, J. R., Windschitl, P. D., and Suls, J. (2003). "Egocentrism, event frequency, and comparative optimism: When what happens frequently is 'more likely to happen to me'." *Personality and Social Psychology Bulletin*, 29 (11), 1343–1356

[48] Charles, K. K., Hurst, E., and Roussanov, N. (2009). "Conspicuous consumption and race." *Quarterly Journal of Economics*, 124 (2), 425–467.

[49] Chen, K. P. (2003). "Sabotage in promotion tournament." *Journal of Law, Economics and Organization*, 19 (1), 119–140.

[50] Chung, S. A., Singh, H., and Lee, K. (2000). "Complementarity, status similarity and social capital as drivers of alliance formation." *Strategic Management Journal*, 21 (1), 1–22.

[51] Coelho, P. R., and McClure, J. E. (1993). "Toward an economic theory of fashion." *Economic Inquiry*, 31 (4), 595–608.

[52] Combs, J., Liu, Y., Hall, A., and Ketchen, D. (2006). "How much do high-performance work practices matter? A meta-analysis of their effects on organizational performance." *Personnel Psychology*, 59 (3), 501–528.

[53] Congleton, R. D. (1989). "Efficient status seeking: Externalities, and the evolution of status games." *Journal of Economic Behavior & Organization*, 11 (2), 175–190.

[54] Conyon, M. J., and Sadler, G. V. (2001). "Executive

pay, tournaments and corporate performance in UK firms." *International Journal of Management Reviews* , 3 (2), 141–168.

[55] Cummins, J. G. , and Nyman, I. (2007). "Yes-men in tournaments." Hunter College Department of Economics Working Papers, 417.

[56] D'Aveni, R. A. (1996). "A multiple-constituency, status-based approach to interorganizational mobility of faculty and input-output competition among top business schools." *Organization Science*, 7 (2), 166–189.

[57] Dessler, G. (1999). "How to earn your employees' commitment." *Academy of Management Executive*, 13 (2), 58–67.

[58] Dubey, P. , and Geanakoplos, J. (2010). "Grading exams: 100, 99, 98,... Or A, B, C?" *Games and Economic Behavior*, 69 (1), 72–94.

[59] Dur, R. (2009). "Gift exchange in the workplace: Money or attention?" *Journal of the European Economic Association*, 7 (2–3), 550–560.

[60] Dye, R. A. (1984). "The trouble with tournaments." *Economic Inquiry* , 22 (1), 147–149.

[61] Eckel, C. C. , Fatas, E. , and Wilson, R. (2010). "Cooperation and status in organizations." *Journal of Public Economic Theory*, 12 (4), 737–762.

[62] Ederer , F. , and Patacconi, A. (2010). "Interpersonal comparison, status and ambition in organizations." *Journal of Economic Behavior & Organization*, 75 (2), 348–363.

[63] Ehrenberg, R. G. , and Bognanno, M. L. (1990). "The incentive effects of tournaments revisited: Evidence from the Euro-

pean PGA Tour." *Industrial & Labor Relations Review*, 43 (3), 74-88.

[64] Einhorn, B., and Arnst, C. (2006). "Science friction." *Business Week* (May 29, 2006), 44-45.

[65] Ellingsen, T., and Johannesson, M. (2007). "Paying respect." *The Journal of Economic Perspectives*, 21 (4), 135-150.

[66] Elsbach, K. D., and Kramer, R. M. (1996). "Members' responses to organizational identity threats: Encountering and countering the Business Week rankings." *Administrative Science Quarterly*, 41 (3).

[67] Encinosa, W. E., Ⅲ, Gaynorb, M., and Rebitzer, J. B. (2007). "The sociology of groups and the economics of incentives: Theory and evidence on compensation systems." *Journal of Economic Behavior & Organization* , 62 (2), 187-214.

[68] English, J. F. (2005). *The Economy of Prestige: Prizes, Awards, and the Circulation of Cultural Value*. Cambridge, MA: Harvard University Press.

[69] Eriksson, T. (1999). "Executive compensation and tournament theory: Empirical tests on Danish data." *Journal of Labor Economics* , 17 (2), 262-280.

[70] Fama, E. F. (1980). "Agency problems and the theory of the firm." *The Journal of Political Economy*, 88 (2), 288-307.

[71] Fehr, E., and Schmidt, K. M. (1999). "A theory of fairness, competition, and cooperation." *Quarterly Journal of Economics*, 114 (3), 817-868.

[72] Fehr, E., and Gachter, S. (2000). "Fairness and retaliation: The economics of reciprocity." *Journal of Economic Per-*

spectives, 14, 159-181.

[73] Ferrer-i-Carbonell, A. (2005). "Income and well-being: An empirical analysis of the comparison income effect." *Journal of Public Economics*, 89 (5-6), 997-1019.

[74] Ferris, G. R., Buckley, M. R., and Allen, G. M. (1992). "Promotion systems in organizations." *Human Resource Planning*, 15 (3), 47-68.

[75] Fershtman, C., and Weiss, Y. (1993). "Social status, culture and economic performance." *The Economic Journal*, 103 (419), 946-959.

[76] Fershtman, C., Murphy, K. M., and Weiss, Y. (1996). "Social status, education, and growth." *Journal of Political Economy*, 104 (1), 108-132.

[77] Finkelstein, S. (1992). "Power in top-management teams: Dimensions, measurement, and validation." *Academy of Management Journal*, 35 (3), 505-538.

[78] Frank, R. H. (1985). *Choosing the Right Pond: Human Behavior and the Quest for Status*. Oxford University Press.

[79] Frey, B. S., Benz, M., and Stutzer, A. (2004). "Introducing procedural utility: Not only what, but also how matters." *Journal of Institutional and Theoretical Economics*, 160 (3), 377-401.

[80] Frey, B. S., and Neckermann, S. (2008). "Awards: A view from psychological economics." *Zeitschrift für Psychologie*, 216 (4), 198-208.

[81] Frey, B. S. (1997). *Not Just for the Money: An Economic Theory of Personal Motivation*. Elgar E. Cheltenham.

[82] Frey, B. S. (2007). "Awards as compensation." *European Management Review*, 4 (1), 6-14.

[83] Frey, B. S., and Neckermann, S. (2008). "Awards." *Zeitschrift für Psychologie/Journal of Psychology*, 216 (4), 198-208.

[84] Gibbons, R., Murphy, K. J. (1990). "Optimal incentive contracts in the presence of career concerns: Theory and evidence." *Journal of Political Economy*, 100 (3), 468-505.

[85] Gibbs, M. (1994). "Testing tournaments? An appraisal of the theory and evidence." *Labor Law Journal*, 45 (8), 493-500.

[86] Ginsburgh, V. A., and Van Ours, J. C. (2003). "Expert opinion and compensation: Evidence from a musical competition." *American Economic Review*, 93, 289-296.

[87] Goddeeris, J. H. (1988). "Compensation differentials and self-selection: An application to lawyers." *Journal of Political Economy*, 96 (2), 411-428.

[88] Graffin, S. D., Wade, J. B., Porac, J. F., and McNamee, R. C. (2008). "Impact of CEO status diffusion on the economic outcomes of other senior managers." *Organization Science*, 19 (3), 457-474.

[89] Green, J. R., and Stokey, N. L. (1983). "A comparison of tournaments and contracts." *Journal of Political Economy*, 91 (3), 349-364.

[90] Greenberg, J. (1988). "Equity and workplace status: A field experiment." *Journal of Applied Psychology*, 73 (4), 606.

[91] Greenberg, J., and Ornstein, S. (1983). "High status job title as compensation for underpayment: A test of equity theo-

ry." *Journal of Applied Psychology*, 68 (2), 285-297.

[92] Hannan, R. L., Krishnan, R., and Newman, A. H. (2008). "The effects of disseminating relative performance feedback in tournament and individual performance compensation plans." *Accounting Review* , 83 (4), 893-913.

[93] Harvey, O. J., and Consalvi, C. (1960). "Status and conformity to pressures in informal groups." *The Journal of Abnormal and Social Psychology*, 60 (2), 182.

[94] Heffetz, O., and Frank, R. H. (2008). "Preferences for status: Evidence and economic implications." *Handbook of Social Economics*, 1, 69-91.

[95] Holmstr, B. (1979). "Moral hazard and observability." *Bell Journal of Economics* , 10 (1), 74-91.

[96] Hopkins, E., and Kornienko, T. (2009). "Status, affluence, and inequality: Rank-based comparisons in games of status." *Games and Economic Behavior*, 67 (2), 552-568.

[97] Hsu, D.-H. (2004). "What do entrepreneurs pay for venture capital affiliation?" *Journal of Finance*, 59 (4), 1805-1844.

[98] Huberman, B. A., Loch, C. H., Önçüler, A. (2004). "Status as a valued resource." *Social Psychology Quarterly*, 67 (1), 103-114.

[99] Huberman, B. A., and Golder, S. A. (2006). "Usage patterns of collaborative tagging systems." *Journal of information science*, 32 (2), 198-208.

[100] Ibarra, H., and Andrews, S. B. (1993). "Power, social influence, and sense making: Effects of network centrality and proximity on employee perceptions." *Administrative Science*

Quarterly, 38 (2), 277–303.

[101] Itoh, H. (2004). "Moral hazard and other regarding preferences." *The Japanese Economic Review*, 55 (1), 18–45.

[102] Jia, H. (2006). "Frequent cases force China to face up to scientific fraud." *Nature Medicine*, 12 (8), 867.

[103] Judge, T. A., and Ferris, G. R. (1993). "Social context of performance evaluation decisions." *Academy of Management Journal*, 36 (1), 80–105.

[104] Kahneman, D., and Thaler, R. (1991). "Economic analysis and the psychology of utility: Applications to compensation policy." *The American Economic Review*, 81 (2), 341–346.

[105] Kahneman, D., Knetsch, J. L., and Thaler, R. H. (1991). "Anomalies: The endowment effect, loss aversion, and status quo bias." *The Journal of Economic Perspectives*, 5 (1), 193–206.

[106] Knoeber, C. R. (1989). "A real game of chicken: Contracts, tournaments, and the production of broilers." *Journal of Law, Economics, and Organization*, 5 (2), 271–292.

[107] Knoeber, C. R., and Thurman, W. N. (1994). "Testing the theory of tournaments: An empirical analysis of broiler production." *Journal of Labor Economics*, 12 (2), 155–179.

[108] Konrad, K. A., and Lommerud, K. E. (1993). "Relative standing comparisons, risk taking, and safety regulations." *Journal of Public Economics*, 51 (3), 345–358.

[109] Kruger, J. (1999). "Lake Wobegon be gone! The-below-average effect and the egocentric nature of comparative ability judgments." *Journal of Personality and Social Psychology*, 77

(2), 221-232.

[110] Kruger, J., and Burrus, J. (2004). "Egocentrism and focalism in un-realistic optimism (and pessimism)." *Journal of Experimental Social Psychology*, 40 (3), 332-340.

[111] Kruger, J., and Savitsky, K. (2009). "On the genesis of inflated (and deflated) judgments of responsibility." *Organizational Behavior and Human Decision Processes*, 108 (1), 143-152.

[112] Krakel, M. (2008). "Emotions in tournaments." *Journal of Economic Behavior & Organization*, 67 (1), 204-214.

[113] Kuiper, N. A., and Rogers, T. B. (1979). "Encoding of personal information: Self-other differences." *Journal of Personality and Social Psychology*, 37, 499-514.

[114] Kumru, C. S., and Vesterlund, L. (2010). "The effect of status on charitable giving." *Journal of Public Economic Theory*, 12 (4), 709-735.

[115] Lam, S. F., Yim, P. S., Law, J. S., and Cheung, R. W. (2004). "The effects of competition on achievement motivation in Chinese classrooms." *British Journal of Educational Psychology*, 74 (2), 281-296.

[116] Lambert, R. A., Larcker, D. F., and Weigelt, K. (1993). "The structure of organizational incentives." *Administrative Science Quarterly*, 38 (3), 438-461.

[117] Lazear, E. P., and Shaw, K. L. (2007). "Personnel economics: The economist's view of human resources." *Journal of Economic Perspectives*, 21 (4), 91-114.

[118] Lazear, E. P., and Rosen, S. (1981). "Rank-order tournaments as optimum labor contracts." *Journal of Political E-*

conomy, 89, 841–864.

[119] Leeds, M. (1988). "Rank-order tournaments and worker incentives." *Atlantic Economic Journal*, 16 (2), 74–77.

[120] Leibenstein, H. (1986). "On relaxing the maximization postulate." *Journal of Behavioral Economics*, 15 (Winter), 3–63.

[121] Leonard, J. S. (1990). "Executive pay and firm performance." *Industrial & Labor Relations Review*, 43 (3), 13–29.

[122] Levine, J. M., and Moreland, R. L. (1990). "Progress in small group research." *Annual review of psychology*, 41(1), 585–634.

[123] Loch, C. H., Huberman, B. A., and Stout, S. (2000). "Status competition and performance in work groups." *Journal of Economic Behavior & Organization*, 43 (1), 35–55.

[124] Loch, C. H., Yaziji, M., and Langen, C. (2001). "The fight for the alpha position: Channeling status competition in organizations." *European Management Journal*, 19 (1), 16–25

[125] Locke, E. A. (1982). "The ideas of Frederick W. Taylor: An evaluation." *Academy of Management Review*, 7 (1), 14–24.

[126] Locke, E. A. (1968). "Toward a theory of task motivation and incentives." *Organizational Behavior and Human Performance*, 3, 157–189.

[127] Lovaglia, M. J., Lucas, J. W., and Thye, S. R. (1998). "Status Processes and Mental Ability Test Scores." *American Journal of Sociology*, 104 (1), 195–228.

[128] Main, B. G. M., O'Reilly, C. A., Ⅲ, and Wade, J. (1993). "Top executive pay: Tournament or teamwork?" *Journal of Labor Economics*, 11 (4), 606–628.

[129] Maslow, A. H. (1943). "A theory of human motivation." *Psychological Review*, 50, 370-396.

[130] McCall, J. J. (2004). "Assessing American executive compensation: A cautionary tale for Europeans." *Business Ethics: A European Review*, 13 (4), 243-254.

[131] McClelland, D. C. (1967). *Achieving Society*. Simon and Schuster.

[132] Mitchell, T. R., and Mickel, A. E. (1999). "The meaning of money: An individual-difference perspective." *Academy of Management Review*, 24 (3), 568-578.

[133] Moldovanu, B., Sela, A., and Shi, X. (2007). "Contests for status." *Journal of Political Economy*, 115 (2), 338-363.

[134] Moore, D. A., and Small, D. A. (2007). "Error and Bias in Comparative Judgment: On Being Both Better and Worse Than We Think We Are." *Journal of Personality and Social Psychology*, 92 (6), 972-989

[135] Nalebuff, B., and Stiglitz, J. (1983). "Prizes and incentives: Towards a general theory of compensation and competition." *Bell Journal of Economics*, 14 (1), 21-43.

[136] Nelson, B. (1994). *1001 Ways to Reward Employees*. New York, NY: Workman Publishing.

[137] Neumark, D., and Postlewaite, A. (1998). "Relative income concerns and the rise in married women's employment." *Journal of Public Economics*, 70 (1), 157-183.

[138] Nippa, M., and Markoczy, L. (2007). "Economic pressure and the deterioration of research ethics." Academy of Management Proceedings, Philadelphia, PA, August 5-9, 1-6.

[139] O'Keeffe, M., Viscusi, W. K., and Zeckhauser, R. J. (1984). "Economic contests: Comparative reward schemes." *Journal of Labor Economics*, 2 (1), 27-56.

[140] O'Reilly, C. A., Ⅲ, Main, B. G., and Crystal, G. S. (1988). "CEO compensation as tournament and social comparison: A tale of two theories." *Administrative Science Quarterly*, 33 (2), 257-274.

[141] Okamoto, D. G., and Smith-Lovin, L. (2001). "Changing the subject: Gender, status, and the dynamics of topic change." *American Sociological Review*, 66 (6), 852-873.

[142] Olnick, S. J., and Hemenway, D. (1998). "Is more always better? A survey on positional concerns." *Journal of Economic Behavior & Organization*, 37 (3), 373-383.

[143] Orrison, A., Schotter, A., and Weigelt, K. (2004). "Multiperson tournaments: An experimental examination." *Management Science*, 50 (2), 268-279.

[144] Owens, D. A. (2000). "Structure and status in design teams: Implications for design management." *Design Management Journal: Academic Review*, 1 (1), 55-63.

[145] Pearce, J. L. (2011). "Introduction: The power of status." *In Status in Management and Organizations*, 1-22.

[146] Pearce, J. L. (2011). "Status in management and organizations." *Development and Learning in Organizations*, 25 (6).

[147] Pfeffer, J. (1977). "The ambiguity of leadership." *Academy of management review*, 2 (1), 104-112.

[148] Pfeffer, J. (1981). *Power in Organizations*. Marsh-

field, MA: Pitman.

[149] Pfeffer, J., and Salancik, G. R. (2003). *The External Control of Organizations: A Resource Dependence Perspective*. Stanford University Press.

[150] Podmoroff, D. (2005). *365 Ways to Reward and Motivate Your Employees Every Day: With Little or No Money*. Atlantic Publishing: Ocala, FL.

[151] Podolny, J. M. (1993). "A status-based model of market competition." *American Journal of Sociology*, 98 (4), 829–872.

[152] Porter, L. W., and Lawler, E. E. (1986). *Managerial Attitudes and Performance*. Homewood, IL: Irwin-Dorsey.

[153] Postlewaite, A. (1998). "The social basis of interdependent preferences." *European Economic Review*, 42 (3–5), 779–800.

[154] Prendergast, C. (1999). "The provision of incentives in firms." *Journal of Economic Literature*, 37 (1), 7–63.

[155] Rabin, M. (2000). "Risk aversion and expected utility theory: A calibration theorem." *Econometrica*, 68 (5), 1281–1292.

[156] Rees, A. (1992). "The tournament as a model for executive compensation." *Journal of Post Keynesian Economics*, 14 (4), 567–571.

[157] Rees, R. (1985). "The theory of principal and agent—part Ⅰ." *Bulletin of Economic Research*, 37 (1), 3–26.

[158] Rege, M. (2008). "Why do people care about social status?" *Journal of Economic Behavior & Organization*, 66 (2), 233–242.

[159] Ridgeway, C. (1991). "The social construction of sta-

tus value: Gender and other nominal characteristics." *Social Forces*, 70 (2), 367-386.

[160] Ridgeway, C. L. (2001). "Gender, status, and leadership." *Journal of Social Issues*, 57 (4), 637-655.

[161] Ridgeway, C. L., and Walker, H. A. (1995). "Status structures." In *Sociological Perspectives on Social Psychology*, 281-310.

[162] Rijsman, J. (1983). "The dynamics of social competition in personal and categorical comparison situations." *Current Issues in European Social Psychology*, 1, 279-312.

[163] Robson, A. J. (1992). "Status, the distribution of wealth, private and social attitudes to risk." *Econometrica: Journal of the Econometric Society*, 60, 837-857.

[164] Rosen, S. (1986). "Prizes and incentives in elimination tournaments." *American Economic Review*, 76 (4), 701-715.

[165] Rosenbaum, J. E. (1979). "Tournament mobility: Career patterns in a corporation." *Administrative Science Quarterly*, 24, 220-241.

[166] Sachdev, I. and Bourhis, R. Y. (1987). "Status differentials and intergroup behavior." *European Journal of Social Psychology*, 17 (3), 277-293.

[167] Samuelson, P. A. (2004). *New Frontiers in Economics*. Szenberg M., Ramrattan, L. (eds). Cambridge, UK: Cambridge University Press.

[168] Schlenker, J. A., and Gutek, B. A. (1987). "Effects of role loss on work-related attitudes." *Journal of Applied Psychology*, 72 (2), 287.

[169] Shapiro, S. P. (2005). "Agency theory." *Annual Review of Sociology*, 31 (1), 263-284.

[170] Sidanius, J., Pratto, F., Van Laar, C., and Levin, S. (2004). "Social dominance theory: Its agenda and method." *Political Psychology*, 25 (6), 845-880.

[171] Siegel, P. A., and Hambrick, D. C. (2005). "Pay disparities within top management groups: Evidence of harmful effects on performance of high technology firms." *Organization Science*, 16 (3), 259-274.

[172] Simmel, G. (1950). *The Sociology of Georg Simmel* (Vol. 92892). Simon and Schuster.

[173] Skinner, B. F. (1935). "Two types of a conditional reflex and a pseudotype." *Journal of General Psychology*, 12, 66-77.

[174] Smith, A. (1759). *The Theory of Moral Sentiments*. In *The Glasgow Edition of the Works and Correspondence of Adam Smith*. Oxford: Oxford University Press.

[175] Solomon, D., and Meckler, L. (2009). "Strict executive-pay caps planned." *Wall Street Journal*, February 4, 2009, A3.

[176] Spataro, S. (2002). "Not all differences are the same: The role of informal status in predicting reactions to demographic diversity in organizations" (No. ysm262). Yale School of Management.

[177] Spence, A. M. (1974). *Market Signaling*. Cambridge, MA: Harvard University Press.

[178] Stahelski, A. J., and Paynton, C. F. (1995). "The effects of status cues on choices of social power and influence stra-

tegies." *Journal of Social Psychology*, 135 (5), 553-560.

[179] Stajkovic, A. D., and Luthans, F. (2001). "Differential effects of incentive motivators on work performance." *Academy of Management Journal*, 44 (3), 580-590.

[180] Stajkovic, A. D., and Luthans, F. (2003). "Behavioral management and task performance in organizations: Conceptual background, meta-analysis, and test of alternative models." *Personnel Psychology*, 56 (1), 155-194.

[181] Sururov, A., and van de Ven, J. (2006). *Discretionary Rewards as a Feedback Mechanism*. Unpublished manuscript, Amsterdam Center for Law & Economics, University of Amsterdam.

[182] Svenson, O. (1981). "Are we less risky and more skillful than our fellow drivers?" *Acta Psychologica*, 47, 143-151

[183] Szmatka, J., Skvoretz, J., and Berger, J. (Eds.). (1997). *Status, Network, and Structure: Theory Development in Group Processes*. Stanford University Press.

[184] Thye, S. R. (2000). "A status value theory of power in exchange relations." *American Sociological Review*, 65 (3), 407-432.

[185] Turner, J. C., and Brown, R. J. (1978). "Social status, cognitive alternatives, and intergroup relations," in H. Tajfel (ed.), *Differentiation Between Social Groups*. London: Academic Press.

[186] Tran, A., and Zeckhauser, R. (2012). "Rank as an inherent incentive: Evidence from a field experiment." *Journal of Public Economics*, 96 (9), 645-650.

[187] Troyer, L., and Younts, C. W. (1997). "Whose Ex-

pectations Matter? The Relative Power of First-and Second-Order Expectations in Determining Social Influence." *American Journal of Sociology*, 103 (3), 692−732.

[188] Tyler, T. R. (1998). "Trust and democratic governance." In: *Trust and Governance*, 269−294.

[189] Vroom, V. (1964). *Work and Motivation*. New York: Wiley.

[190] Wade, J., O'Reilly, C. A., Ⅲ, and Chandratat, Ⅰ. (1990). "Golden parachutes: CEOs and the exercise of social influence." *Administrative Science Quarterly*, 35 (4), 587−603.

[191] Waldron, D. A. (1998). "Status in organizations: Where evolutionary theory ranks." *Managerial and Decision Economics*, 19 (7−8), 505−520.

[192] Washington, M. and Zajac, E. J. (2005). "Status evolution and competition: Theory and evidence." *Academy of Management Journal*, 48 (2), 282−296.

[193] Weber, M. (1978). *Economy and Society: An Outline of Interpretive Sociology*. University of California Press.

[194] Weber, M. (1922). *Wirtschaft und Gesellschaft*. Tübingen: JCB Mohr.

[195] Webster Jr., M., and Hysom, S. J. (1998). "Creating status characteristics." *American Sociological Review*, 63, 351−378.

[196] Webster, M., and Foschi, M. (eds.) (1988). *Status Generalization: New Theory and Research*. Stanford University Press.

[197] Weinstein, N. D. (1980). "Unrealistic optimism about future life events." *Journal of Personality and Social Psycho-*

logy, 39 (5), 806–820.

[198] Weiss, Y., and Fershtman, C. (1998). "Social status and economic performance: A survey." *European Economic Review*, 42 (3–5), 801–820.

[199] Wernerfelt, B. (1984). "A resource-based view on the firm." *Strategic Management Journal*, 5 (2), 171–184.

[200] Williamson, O. E. (1981). "The economics of organization: The transaction cost approach." *American Journal of Sociology*, 87 (3), 548–577.

[201] Windschitl, P. D., Kruger, J., and Simms, E. (2003). "The influence of egocentrism and focalism on people's optimism in competitions: When what affects us equally affects me more." *Journal of Personality and Social Psychology*, 85 (3), 389–408.

[202] Zalesny, M. D., and Farace, R. V. (1987). "Traditional versus open offices: A comparison of sociotechnical, social relations, and symbolic meaning perspectives." *Academy of Management Journal*, 30 (2), 240–259.

致　谢

古人说，文以载道。如今，这本小书也许无法承载缥缈的天道，却承载着许多人无私的关爱和真挚的扶持。

首先需要感谢的是我的导师李军林和师母郭亚玲。正是导师和师母，让我在偌大的北京找到了家的感觉。李老师在学术上的精致追求，在生活中的热心豁达，给我树立了一个方正、可爱的知识分子的楷模；师母的谆谆细语，总是在我暂时失落、疲惫之时给我明亮的、温暖的、向前的希望。我前进的每一步，都有着他们的默默付出。愿这本小书，可以铭记老师和师母对我的帮助和关爱的万一。

同时，我还要特别感谢中央财经大学的李俊生教授。他的儒雅、渊博与深邃，为我树立了当代知识分子的榜样；也正是他的督促和帮助，才使这本

小书得以很快面世；他的无私指导，也使我找到了未来的研究方向。

另外，需要特别提起的一些人，就是我的爱人陈樱子及其家人。正是樱子及其家人的默默支持，才使我坚定地走上学术道路。这些年里，我欠着樱子很多浪漫，但愿她能从这本小书的致谢里，读到一丝我的内疚和淡淡的浪漫。

最后，在本书的最后，我想感谢我的父亲、母亲。他们厚重的、充满韧性的、无所顾忌的、全身心的爱使我成长，让我接受了中国最好的经济学教育；他们的默默付出，为我开启了一扇他们未曾体验过、观察到的新世界。他们为此开心，无论劳苦；他们为此骄傲，无论辛酸。我想，这就是我和我的家庭、我的祖国生生不息的根源！

最后，我真诚地感谢我的祖国，感谢无数个从未知晓的纳税人，是他们的供养，让我在多年的时光中无忧无虑地在精神王国中游荡。我相信，我们共同的梦想——强大的祖国和富足的人民，一定能够实现，也必将能够实现！

图书在版编目（CIP）数据

荣誉、地位的最优分配：组织中的非物质激励/姚东旻著. —北京：中国人民大学出版社，2015.6

ISBN 978-7-300-21240-1

Ⅰ.①荣… Ⅱ.①姚… Ⅲ.①组织经济学 Ⅳ.①C936

中国版本图书馆 CIP 数据核字（2015）第 097934 号

荣誉、地位的最优分配

——组织中的非物质激励

Rongyu、Diwei de Zuiyou Fenpei

姚东旻　著

出版发行	中国人民大学出版社		
社　　址	北京中关村大街 31 号	**邮政编码**	100080
电　　话	010－62511242（总编室）		010－62511770（质管部）
	010－82501766（邮购部）		010－62514148（门市部）
	010－62515195（发行公司）		010－62515275（盗版举报）
网　　址	http://www.crup.com.cn		
经　　销	新华书店		
印　　刷	唐山玺诚印务有限公司		
规　　格	148 mm×210 mm　32 开本	**版　　次**	2015 年 6 月第 1 版
印　　张	6.75 插页 1	**印　　次**	2023 年 3 月第 2 次印刷
字　　数	165 000	**定　　价**	63.00 元